CURSO INTENSIVO DE ESPAÑOL

NIVELES ELEMENTAL E INTERMEDIO

EJERCICIOS PRÁCTICOS

J. FERNÁNDEZ - R. FENTE - J. SILES

CURSO INTENSIVO DE ESPAÑOL

EJERCICIOS PRÁCTICOS

NIVELES
ELEMENTAL
INTERMEDIO

SGEL

Sociedad General Española de Librería, S.A.

Primera edición renovada en 1999
Segunda edición en el 2000

Produce: SGEL-Educación
          Avda. Valdelaparra, 29 - 28108 ALCOBENDAS (MADRID)

ISBN: 84-7143-751-1
Depósito Legal: M.22495-2000
Impreso en España - Printed in Spain

Cubierta: Carla Esteban
Maqueta: Susana Martínez

Compone: CARÁCTER, S. A.
Imprime: SITTIC, S. L.
Encuaderna: RÚSTICA HILO, S. L.

Prólogo

Nos es grato presentar a profesores y estudiantes de español como segunda lengua esta nueva edición —actualizada en su contenido y renovada en su formato y composición tipográfica— del segundo volumen de la serie Curso Intensivo de español. Serie compuesta, como es sabido tras su ya larga andadura en el campo de la enseñanza del español a extranjeros, de tres libros de Ejercicios graduados, por orden de dificultad, a partir del nivel cero de conocimientos hasta el superior avanzado, y una Gramática que la completa.

Sigue esta nueva edición el criterio establecido en todas las anteriores desde su total refundición y ampliación en 1990: que es forzoso seleccionar, limitar y adaptar el léxico y estructuras sintácticas a cada nivel de enseñanza. De ahí que, a diferencia del primer libro de la serie (niveles de iniciación y elemental) en este segundo se aborden ya todos los problemas sintácticos pertenencientes al campo de la oración subordinada tales como: el subjuntivo, pronombres relativos, conjunciones y partículas de enlace etc; y se haya efectuado también una ampliación selección de léxico adecuadas a un curso elemental e intermedio. Al igual que en los otros niveles este libro incluye dos amplios índices: uno inicial de contenidos y otro alfabético de conceptos que permitirán al profesor y al alumno localizar exhaustivamente su contenido eligiendo los problemas específicos que le interesen en cada momento o bien emplearlo como un método siguiendo la secuencialización de sus unidades.

Como en los otros niveles, cada libro de Ejercicios Prácticos cuenta con dos amplios índices, uno inicial de contenidos y otro alfabético de conceptos, al final. Por otro lado, una pequeña Clave y guía didáctica propone, —en volumen aparte— el solucionario de los ejercicios.

Esta nueva edición actualizada está acompañada por una versión electrónica en CD ROM. En un solo disco, el alumno encontrará todos los ejercicios, junto con la información gramatical precisa para desarrollarlos y un sistema de evaluación de los mismos. De esta manera, el alumno que desee trabajar individualmente en el ordenador, podrá siempre evaluar sus respuestas y corregir sus errores en la pantalla.

Damos una vez más las gracias por la excelente acogida que, en esta mutua e ilusionada tarea de la enseñanza de español a extranjeros, vienen dispensando a **Curso Intensivo de español,** niveles elemental e intermedio, colegas y alumnos de todo el mundo.

JESÚS FERNÁNDEZ ÁLVAREZ
RAFAEL FENTE GÓMEZ
JOSÉ SILES ARTÉS

Majadahonda (Madrid), verano de 1999.

Introducción

El libro, en su nueva versión, consta de 56 unidades didácticas divididas en dos ciclos: al primero corresponden las primeras 33 unidades y al segundo las 23 restantes. Al principio y al final, respectivamente, figuran dos índices muy pormenorizados: el primero se denomina **Índice por unidades didácticas,** y el segundo, **Índice alfabético de conceptos.** El objetivo principal de ambos es facilitar la labor del profesor al máximo.

Cada unidad va estructurada de la siguiente manera: los primeros ejercicios constituyen la espina dorsal de la unidad y se centran, en su inmensa mayoría, en problemas morfológicos y sintácticos del verbo. Estos problemas son de dos clases: por una parte, constituyen un recordatorio de lo ya presentado en el nivel de *iniciación*, y por otra parte, suponen un paso más avanzado dentro de la lógica secuencialización de un curso estructurado en tres niveles. Acompañando a estos primeros ejercicios nucleares se incluyen otros que procuran cubrir sistemáticamente otros campos de la gramática castellana. Cada unidad se concluye con uno o dos ejercicios de léxico seleccionados por campos semánticos de mayor frecuencia de uso o por razones de creatividad y uso actual del idioma.

Al igual que en los otros dos libros de la serie, hay que destacar que la *variedad* es un elemento fundamental en la concepción y desarrollo del libro. Tanto estudiantes como profesores podrán observar y experimentar esta idea clave abriendo al azar el libro por cualquier unidad, tanto del primero como del segundo ciclo. También hay que destacar el concienzudo esfuerzo realizado por dar *diversidad* a los ejercicios, de modo que un mismo problema es presentado con distintos procedimientos metodológicos para prestar amenidad al aprendizaje de la lengua española.

En este segundo libro de la serie se abordan ya decididamente todos los problemas sintácticos pertenecientes al campo de la oración compuesta, tales como el subjuntivo, tiempos compuestos, pronombres relativos, conjunciones y partículas de enlace, etc. Se ha tratado, pues, de ir completando el cuadro de complejidades de una gramática viva, aunque todavía a un nivel conscientemente limitado a las estructuras básicas de nuestra lengua. A este respecto es importante recalcar el elevado número de unidades que tienen como tema central el estudio y práctica del subjuntivo, donde se presentan los cuatro grandes apartados del uso de este modo en detalle y, posteriormente, se estudian minuciosamente las alternancias e incompatibilidades de este modo con el indicativo, problema éste de permanente interés y dificultad para los estudiantes extranjeros.

Se puede afirmar, finalmente, que el principio guía que ha dirigido toda la serie, y naturalmente también este libro, es facilitar la enseñanza y aprendizaje de la teoría gramatical mediante la presentación graduada de una profusión de ejercicios que den pautas y claves precisas para preparar la teoría correspondiente. Nadie duda hoy de que la teoría es importante, pero sólo cuando ésta tiene relevancia para el que aprende, para el que enseña y para un tratamiento más eficaz del proceso pedagógico del docente y del discente. El proceso aquí seguido pretende obligar al profesor a centrarse en las explicaciones verdaderamente relevantes para el aspecto más vivo y actual de nuestra lengua y pretende igualmente dirigir al estudiante extranjero hacia el lado práctico y comunicativo del idioma.

Del anterior apartado se deduce lo siguiente:

a) El libro va dirigido expresamente a alumnos extranjeros que posean unos conocimientos básicos de la lengua española (haber seguido algún curso regular de un año de duración o algún curso intensivo de los que proliferan hoy día).

b) Se pretende que, al finalizar las 56 unidades del libro, el estudiante haya adquirido un conocimiento práctico de toda la gama de estructuras *básicas* de nuestro idioma y, consiguientemente, haya aclarado todas sus dudas sobre la utilización de dichas estructuras en la vida cotidiana a ese mismo nivel básico.

c) Que el estudiante disponga de un vocabulario activo de unas 2.000 palabras.

d) Que la práctica de estos ejercicios, con las explicaciones teóricas pertinentes, permitan al alumno ampliar sus conocimientos enlazando con el libro tercero de la serie **Curso intensivo de español.**

SUGERENCIAS PARA LA UTILIZACIÓN DEL LIBRO

Es importante señalar que la estructura del libro, teniendo en cuenta lo ya iniciado en el libro anterior de la serie, permite su utilización de dos maneras distintas:

a) **Como un método**

El profesor puede seguir cada una de las unidades en su secuencia lineal, con la seguridad de que irá cubriendo sin lagunas todos los problemas morfosintácticos del español en los niveles correspondientes. Es más, ateniéndose a la pauta marcada por los *epígrafes* de los ejercicios, al profesor le bastará con una breve y concisa explicación teórica previa a cada problema presentado. En realidad, la serie completa de los epígrafes contenidos en el libro constituye un *syllabus* muy explícito de problemas de la lengua española que se presentan en este nivel. En el apartado siguiente, donde se explica el manejo de los índices, se verá con mayor claridad la importancia de este aspecto del libro.

b) **Como un libro de ejercicios**

El profesor puede utilizar el libro de tres modos distintos:

1. Como *práctica* y *complemento* de aspectos teóricos ya explicados en clase, y, por tanto, compatible con cualquier método que se esté utilizando con los alumnos.

2. Para *profundizar* en cada uno de los temas que se estime oportuno.

3. Para *corregir* defectos y vicios acumulados por el alumno en sus experiencias previas en el aprendizaje del idioma español.

En estos tres supuestos es evidente que hay que hacer un uso selectivo de las unidades y ejercicios contenidos en el libro. Para realizar esta labor, se le proporciona al profesor un instrumento de gran valor: un **Índice alfabético de conceptos.**

FUNCIÓN DE LOS ÍNDICES

Como ya se ha dicho, el libro va precedido de dos índices:

a) Índice por unidades didácticas (Páginas 11 a 24)

Está dividido en dos ciclos; el primero refleja fundamentalmente problemas morfológicos de repaso, salvo elementos de nueva presentación, e inicia los sintácticos; el segundo repasa sucintamente los problemas del ciclo anterior e introduce con plenitud en la problemática de la sintaxis española. Este índice llega a tal grado de pormenorización y exhaustividad que ocupa catorce páginas. Aquí el profesor verá reflejado de forma clara y sistemática el principio teórico subyacente en el **Curso intensivo de español** a este nivel. Constituye, por consiguiente, la guía que el profesor necesita para preparar las explicaciones previas a la práctica de los ejercicios.

b) Índice alfabético de conceptos (Páginas 211 a 216)

Este segundo índice incluye en orden alfabético tanto los aspectos gramaticales como los léxicos que se presentan en las distintas unidades del libro. Consta de unas entradas principales que o bien se refieren a problemas generales de gramática o a conceptos específicos de léxico y de contrastes lexicográficos (en este segundo caso las entradas aparecen en negrita). El objetivo principal de este índice es permitir la localización de un tema determinado con la mayor precisión y ahorro de tiempo posibles.

ALGUNAS SUGERENCIAS SOBRE CÓMO REALIZAR LOS EJERCICIOS

Sin ánimo de condicionar el buen criterio de cada profesor, nos permitimos, por último, dar algunas orientaciones didácticas basadas en nuestra doble experiencia de autores y profesores.

Los ejercicios pueden hacerse de distintas maneras. He aquí algunas:

a) Que los alumnos den por escrito las soluciones (para ello pueden utilizar las páginas de apuntes de clase al final de cada unidad) y las lean individualmente en la clase, con lo cual se practica también la fonética y la entonación.
b) En el caso de clases muy numerosas, el profesor puede encargar los ejercicios que desee para realizar en casa y, posteriormente en clase, dar y explicar las soluciones de manera colectiva.
c) El profesor puede siempre ampliar los límites de cualquier ejercicio y profundizar en el estudio y tratamiento del problema específico según sea el nivel y motivación de sus alumnos.
d) Algunos ejercicios, en especial los señalados en la clave como para comentar en clase, ofrecen unas posibilidades óptimas de participación oral y activa de los alumnos, con todas las ventajas prácticas que ello lleva implícito.

Majadahonda (Madrid), verano de 1999.

Signos empleados

$\neq$ Signo de contraste.

/   Signo de alternancia.

     Signo de transformación.

Índice por unidades didácticas

PRIMER CICLO

		Nº de ejercicio	*Pág.*
UNIDAD 1	**Ser.** Identidad, gentilicios, profesiones, oficios y actividades diversas. Morfosintaxis	1	26
	Ser. Posesión, impersonalidad, materia, tiempo, etc. Morfosintaxis	2	26
	Estar. Lugar, posición, estado, provisionalidad. Morfosintaxis	3	26
	Artículo determinado. Género. Morfología	4	27
	Deletreo y separación silábica	5	27
	Léxico: adjetivos de colores	6	27
UNIDAD 2	**Ser.** Impersonalidad, tiempo, con adjetivos de carácter, etc. Morfosintaxis	7	29
	Ser y **estar.** Miscelánea. Sintaxis	8	29
	Ser y **estar.** Miscelánea. Sintaxis	9	29
	Artículo contracto: **al** o **del**	10	30
	Acentuación. Normas ortográficas	11	30
	Léxico: nombres geográficos	12	30
UNIDAD 3	**Ser** y **estar** en preguntas. Ejercicio de creación	13	32
	Ser y **estar.** Miscelánea. Sintaxis	14	32
	Ser y **estar.** Pretérito imperfecto. Morfosintaxis	15	32
	Ser y **estar.** Pretérito indefinido. Morfosintaxis	16	33
	Preposiciones **a** y **de.** Sintaxis	17	33
	Género. Cambio de masculino a femenino. Femeninos irregulares	18	33
	Léxico: nombres de días, meses y estaciones del año	19	34

		N^o de ejercicio	Pág.

UNIDAD 4

Ser y **estar**. Miscelánea. Sintaxis 20 35

Haber (contenido) y **estar** (posición) contrastados. Sintaxis 21 35

Artículo determinado. Morfosintaxis 22 35

Modismos y expresiones con el verbo **tener**. Ejercicio de creación 23 36

Adjetivos posesivos. Morfología 24 36

Léxico: partes del cuerpo 25 37

UNIDAD 5

Presente de indicativo. Verbos regulares. Morfología 26 39

Presente de indicativo. Verbos regulares. Morfología 27 39

Presente de indicativo. Verbos regulares. Morfología. Ejercicio de creación .. 28 39

Número. Formación del plural. Miscelánea 29 40

Preposiciones **de** y **en**. Sintaxis 30 40

Léxico: nombres de meses del año (repaso) 31 40

UNIDAD 6

Presente de indicativo. Verbos regulares. Ejercicio de creación. Morfología .. 32 42

Presente de indicativo. Forma negativa. Verbos regulares. Ejercicio de creación. Morfología 33 42

Presente de indicativo. Forma interrogativa. Verbos regulares. Ejercicio de creación. Morfología 34 42

Presente de indicativo. Forma interrogativa. Verbos regulares. Ejercicio de creación con **qué, cuándo** y **cuál** 35 43

Lectura de numerales. Miscelánea 36 43

Modismos de uso corriente 37 43

Léxico: nombres de árboles frutales y frutas 38 43

UNIDAD 7

Presente de indicativo. Verbos de irregularidad común, debilitación vocálica y cambio ortográfico. Morfología 39 45

Presente de indicativo. Verbos de irregularidad común en **-ar** y en **-er (i/ie)** y **(o/ue)**. Morfología 40 45

Presente de indicativo. Verbos de irregularidad común y cambio ortográfico **(o/ue) (e/ie)**. Morfología 41 45

Género del sustantivo: Masculinos y femeninos regulares e irregulares con inclusión del artículo determinado. Morfología 42 46

Pronombres personales pleonásticos o redundantes con el verbo **gustar** ... 43 46

Léxico: antónimos de adjetivos 44 46

UNIDAD 8

Presente de indicativo. Verbos de irregularidad común, debilitación vocálica y cambio ortográfico 45 48

Presente de indicativo. Verbos de debilitación vocálica y cambio ortográfico 46 48

Presente de indicativo. Verbos regulares y de irregularidad propia 47 48

		N° de ejercicio	Pág.
	Numerales: expresión de la hora	48	49
	Pronombres personales objeto directo. Ejercicio de sustitución	49	49
	Léxico: nombres de pesos y medidas	50	49
UNIDAD 9	Presente del verbo auxiliar **haber**. Morfología	51	51
	Presente de indicativo de verbos de irregularidad propia. Ejercicio de creación	52	51
	Género y concordancia. Formación del plural en oraciones	53	51
	Género y concordancia. Formación del singular en oraciones con inclusión de pronombres personales objeto y reflexivos. Sintaxis	54	52
	Pronombres personales objeto indirecto. Ejercicio de sustitución. Sintaxis	55	52
	Léxico: nombres de parentesco	56	52
UNIDAD 10	Imperativo afirmativo. Verbos regulares (formas tú y vosotros)	57	54
	Imperativo afirmativo (**tú** y **vosotros**). Verbos de irregularidad común, debilitación vocálica y cambio ortográfico	58	54
	Imperativo afirmativo. Verbos de irregularidad propia (formas **tú** y **vosotros**) ..	59	54
	Adjetivos demostrativos. Correlación con adverbios de lugar	60	55
	Pronombres y adverbios interrogativos [**qué**, **cuál(es)**, **dónde**, etc.]. Sintaxis	61	55
	Léxico: nombres de partes del cuerpo	62	56
UNIDAD 11	Imperativo afirmativo con pronombres reflexivos (formas **tú** y **vosotros**) ...	63	57
	Imperativo negativo con pronombres reflexivos. Miscelánea. Ejercicio de transformación	64	57
	Género y concordancia. Masculinos y femeninos irregulares y casos especiales	65	57
	Pronombres posesivos. Ejercicio de transformación	66	58
	Modismos y expresiones varias. Ejercicio de creación	67	58
	Léxico: gentilicios ≠ nombres de países	68	58
UNIDAD 12	Imperativo afirmativo con pronombres reflexivos (formas **tú** y **vosotros**). Ejercicio de transformación	69	60
	Imperativo negativo. Verbos de irregularidad común, propia, etc	70	60
	Pronombres demostrativos neutros. Ejercicio de relación	71	61
	Pronombres personales precedidos de preposición	72	61
	Preposiciones **en** y **con**. Sintaxis	73	61
	Léxico: nombres de parentesco	74	62
UNIDAD 13	Pretérito indefinido. Verbos regulares, irregularidad propia, común, etc. Morfología	75	63

Pretérito indefinido. Verbos de irregularidad propia, debilitación vocálica
y cambio ortográfico en oraciones 76 63

Verbos pronominales seudoimpersonales **gustar, sentar, tocar,** etc., con
pronombres personales objeto 77 63

Lectura de numerales. Miscelánea 78 64

Comparación de adjetivos y adverbios. Sintaxis 79 64

Léxico: partes del cuerpo 80 64

UNIDAD 14 Pretérito indefinido. Miscelánea. Morfología 81 66

Pretérito indefinido. Verbos de debilitación vocálica, irregularidad propia
y cambio ortográfico en oraciones 82 66

Pretérito indefinido. Usos con **durante** y **ayer.** Morfosintaxis 83 66

Adjetivos y pronombres posesivos contrastados 84 67

Adjetivos comparativos irregulares **(mejor, peor, mayor,** etc.) 85 67

Léxico: nombres de tiendas y establecimientos. Ejercicio de relación 86 67

UNIDAD 15 Pretérito imperfecto. Morfología 87 69

Pretérito imperfecto. Valor iterativo (**soler** + infinitivo). Ejercicio de sustitución. Sintaxis 88 69

Pretérito imperfecto. Valor iterativo. Estímulo pregunta/respuesta. Ejercicio
de creación 89 69

Género y concordancia del adjetivo calificativo. Morfología 90 70

Pronombres personales objeto directo. Ejercicio de sustitución. Sintaxis ... 91 70

Léxico: gentilicios ≠ nombres de países 92 70

UNIDAD 16 Futuro imperfecto. Morfología 93 72

Futuro imperfecto. Verbos irregulares. Morfología 94 72

Futuro imperfecto. Expresión de la probabilidad en el presente. Ejercicio de
creación. Sintaxis 95 72

Pronombres personales objeto. Ejercicio de creación. Sintaxis 96 73

Pronombres y adverbios interrogativos **[quién(es), cómo,** etc.]. Ejercicio de
creación. Sintaxis 97 73

Léxico: nombres de empleados de tiendas y establecimientos públicos 98 74

UNIDAD 17 Condicional simple de los verbos regulares e irregulares 99 75

Condicional simple. Expresión de la probabilidad en el pasado. Ejercicio
de sustitución. Sintaxis 100 75

Condicional simple. Expresión de la probabilidad en el pasado. Ejercicio
de creación. Sintaxis 101 75

Género, número y concordancia del adjetivo calificativo. Ejercicio de rela-
ción 102 76

Pronombres personales objeto indirecto. Sintaxis. Ejercicio de sustitución ... 103 ... 76

Acentuación. Normas ortográficas .... 104 ... 76

Léxicos: nombres de tiendas, establecimientos públicos y documentos de interés .... 105 ... 76

UNIDAD 18
Participio pasado. Verbos regulares. Morfología .... 106 ... 78

Participio pasado. Verbos irregulares. Morfología .... 107 ... 78

Participio pasado. Verbos regulares e irregulares en oraciones .... 108 ... 78

Género, número y concordancia del adjetivo calificativo .... 109 ... 79

Preposiciones **con** y **a**. Sintaxis .... 110 ... 79

Léxico: uso de los interrogativos **qué** y **cuál** .... 111 ... 79

UNIDAD 19
Pretérito pluscuamperfecto de indicativo. Verbos regulares e irregulares. Morfología .... 112 ... 81

Futuro perfecto. Verbos regulares e irregulares. Morfología .... 113 ... 81

Condicional compuesto. Verbos regulares e irregulares. Morfología .... 114 ... 81

Adjetivo calificativo. Grado superlativo (relativo/absoluto). Ejercicio de sustitución. Sintaxis .... 115 ... 82

Adjetivo calificativo. Apócope. Sintaxis .... 116 ... 82

Modismos y expresiones de uso corriente. Ejercicio de creación. Sintaxis ... 117 ... 82

Léxico: nombres de objetos y utensilios de uso personal .... 118 ... 83

UNIDAD 20
Presente de subjuntivo. Verbos regulares. Morfología .... 119 ... 84

Presente de subjuntivo. Verbos de irregularidad común **(e/ie)**. Morfología .... 120 ... 84

Presente de subjuntivo. Verbos de irregularidad común **(o/ue)** y debilitación vocálica **(e/i)**. Morfología .... 121 ... 84

Presente de subjuntivo. Verbos de cambio ortográfico. Morfología .... 122 ... 84

Presente de subjuntivo. Verbos de irregularidad propia. Morfología .... 123 ... 85

Pronombres personales objeto. Cambio de posición en contacto con infinitivo o gerundio. Sintaxis .... 124 ... 85

Léxico: nombres de objetos, herramientas y utensilios de uso .... 125 ... 85

UNIDAD 21
Presente de subjuntivo. Verbos de irregularidad propia. Morfología .... 126 ... 87

Oración compuesta: ejemplos de uso del subjuntivo en la oración subordinada o dependiente: oraciones sustantivas impersonales; adverbiales y de relativo. Morfosintaxis .... 127 ... 87

Pretérito imperfecto de subjuntivo. Verbos regulares. Morfología .... 128 ... 87

Imperfecto de subjuntivo. Verbos de debilitación vocálica **(e/i)**, **(o/u)**. Morfología .... 129 ... 87

Uso posesivo del artículo determinado. Morfosintaxis .... 130 ... 88

		N° de ejercicio	Pág.

Preposiciones **de** y **en**. Sintaxis 131 88
Léxico: defectos físicos 132 88

UNIDAD 22　Imperfecto de subjuntivo. Verbos de cambio ortográfico. Morfología 133 90
Imperfecto de subjuntivo. Verbos de irregularidad propia. Morfología 134 90
Imperfecto de subjuntivo. Verbos de irregularidad propia. Morfología 135 90
Oración compuesta: ejemplos de uso del subjuntivo en la oración depen-
diente: correlación de tiempos en el pasado 136 91
Adjetivo calificativo. Concordancia. Ejercicio de relación 137 91
Contraste entre **muy** y **mucho.** Sintaxis 138 91
Léxico: nombres de establecimientos públicos de interés. Ejercicio de crea-
ción 139 91

UNIDAD 23　Uso del subjuntivo en oraciones sustantivas. Correlación de tiempos.
Sintaxis 140 93
Uso del subjuntivo en oraciones sustantivas impersonales. Correlación de
tiempos. Sintaxis 141 93
Uso del subjuntivo en oraciones adverbiales temporales. Correlación de
tiempos. Sintaxis 142 93
Uso del subjuntivo en oraciones adverbiales concesivas. Correlación de
tiempos. Sintaxis 143 94
Uso del artículo determinado antepuesto a nombres de países y ciudades.
Sintaxis 144 94
Ejercicio de deletreo y silabeo 145 94
Léxico: nombres de objetos y prendas de vestir de uso corriente 146 94

UNIDAD 24　Uso obligatorio del subjuntivo en oraciones adverbiales finales. Corre-
lación de tiempos. Sintaxis 147 96
Uso obligatorio del subjuntivo en oraciones adverbiales condicionales.
Correlación de tiempos. Sintaxis 148 96
Uso del subjuntivo en oraciones de relativo. Correlación de tiempos.
Sintaxis 149 96
Adjetivo calificativo. Concordancia. Ejercicio de relación 150 96
Contraste entre **alguien** y **nadie.** Sintaxis 151 97
Modismos y expresiones con **hacer** 152 97
Léxico: nombres de animales 153 97

UNIDAD 25　Uso del subjuntivo en la oración independiente. Correlación de tiempos.
Sintaxis 154 99
Uso del indicativo en la oración sustantiva. Morfosintaxis 155 99
Uso del indicativo en la oración sustantiva impersonal. Morfosintaxis 156 99

		N° de ejercicio	Pág.
	Numerales: edad, medidas y distancias. Ejercicio de creación	157	100
	Adjetivos y pronombres posesivos constrastados. Ejercicio de transformación	158	100
	Preposiciones **a** y **sin**. Sintaxis	159	100
	Léxico: nombres de profesiones y artes	160	101
UNIDAD 26	Uso del indicativo en la oración adverbial temporal. Morfosintaxis	161	102
	Uso del indicativo en la oración adverbial concesiva. Morfosintaxis	162	102
	Uso del indicativo en oraciones causales y consecutivas. Morfosintaxis	163	102
	Numerales: expresión de la hora. Ejercicio de creación	164	103
	Ejercicio sobre verbos específicos	165	103
	Léxico: ejercicio de derivación: sustantivos correspondientes a adjetivos	166	103
UNIDAD 27	Uso del indicativo en la oración de relativo. Morfosintaxis	167	105
	Uso del indicativo presente con la partícula condicional **si**. Morfosintaxis	168	105
	Uso del indicativo en oraciones sustantivas, temporales, concesivas, causales, de relativo y condicionales con **si**. Morfosintaxis	169	105
	Numerales y partitivos	170	106
	Antónimos de sustantivos	171	106
	Contraste entre **algo** y **nada.** Sintaxis	172	106
	Léxico: modismos y expresiones de uso corriente	173	106
UNIDAD 28	Formación del gerundio. Verbos regulares. Morfología	174	108
	Formación del gerundio. Verbos de debilitación vocálica **(e/i)**, **(o/u)**. Morfología	175	108
	Gerundio. Verbos de cambio ortográfico y casos especiales. Morfología	176	108
	Forma continua o progresiva. Morfosintaxis	177	108
	Ejercicios de acentuación sobre palabras homónimas	178	109
	Contraste entre **todo** y **nada.** Sintaxis	179	109
	Léxico: nombres de animales	180	109
UNIDAD 29	Perífrasis verbal incoativa **ir a** + infinitivo. Ejercicio de sustitución. Sintaxis	181	111
	Contraste entre las perífrasis verbales obligativas **hay que** + infinitivo y **tener que** + infinitivo. Sintaxis	182	111
	Perífrasis **ir a..., tener que...** o **hay que...** Ejercicio de creación. Sintaxis	183	111
	Numerales. Ejercicio sobre fechas	184	112
	Preposición **a** (objeto directo ≠ indirecto). Sintaxis	185	112
	Léxico: nombres de conjuntos o unidades	186	112
UNIDAD 30	Uso de la perífrasis verbal **llevar** + gerundio contrastada con **desde hace/ hacía** + expresión de tiempo. Ejercicio de transformación. Sintaxis	187	114

Uso de la forma **hace/hacía** + expresión de tiempo. Ejercicio de transformación. Sintaxis 188   114

Contraste entre las formas verbales **hace/hacía** ≠ **desde hace/hacía**. Ejercicio de transformación. Sintaxis 189   115

Numerales: operaciones aritméticas 190   115

Contraste entre **bien** y **bueno**. Sintaxis 191   115

Léxico: términos de interés sobre distintos alimentos 192   116

UNIDAD 31   Voz pasiva tradicional. Ejercicio de transformación de la voz activa a voz pasiva. Sintaxis 193   117

Ejercicio de transformación de voz activa sin agente expreso a voz pasiva refleja. Sintaxis 194   117

Ejercicio de transformación. Activa impersonal a voz impersonal con **se**. Sintaxis 195   117

Voz pasiva tradicional a voz pasiva refleja. Ejercicio de transformación. Sintaxis 196   118

Voz pasiva tradicional a voz activa. Ejercicio de transformación. Sintaxis . 197   118

Léxico: nombres de conjuntos y unidades 198   118

UNIDAD 32   Pronombres relativos. Uso del relativo **que**. Morfosintaxis 199   120

Uso del relativo **quien(es)**. Morfosintaxis 200   120

Uso de los relativos **el (la, los, las) que**. Sintaxis 201   120

Relativos. **El (la, los, las) que** contrastados con **quien(es)**. Ejercicio de sustitución. Sintaxis 202   120

Usos del pronombre relativo **lo que**. Morfosintaxis 203   121

Apócope del adjetivo. **Algún(o); buen(o); ningún(o)**, etc. Ejercicio de transformación 204   121

Léxico: ejercicio de derivación: sufijo en **-azo** y **-on** 205   121

UNIDAD 33   Preposición **para**. Usos más importantes. Morfosintaxis 206   123

Preposición **para**. Usos más importantes. Morfosintaxis 207   123

Preposición **por**. Usos más importantes. Morfosintaxis 208   123

Preposición **por**. Usos más importantes. Morfosintaxis 209   124

Preposición **por**. Morfosintaxis 210   124

Ejercicio sobre verbo específico 211   124

Léxico: modismos y expresiones con el verbo **poner** 212   125

SEGUNDO CICLO

		N° de ejercicio	Pág.
UNIDAD 34	**Ser** y **estar**. Miscelánea. Sintaxis	213	128
	Ser y **estar**. Miscelánea. Sintaxis	214	128
	Ser y **estar**. Miscelánea. Sintaxis	215	129
	Uso del artículo determinado y concordancia. Sintaxis	216	129
	Pronombres personales objeto. Uso de **le(s)** y **la(s)**. Sintaxis	217	129
	Ejercicio de acentuación sobre términos homónimos	218	130
	Léxico: profesiones y artes	219	130
UNIDAD 35	**Ser** y **estar**. Miscelánea. Sintaxis	220	132
	Ser y **estar**. Miscelánea. Sintaxis	221	132
	Ser y **estar** con adjetivos que cambian de significado según vayan con uno u otro verbo. Sintaxis	222	133
	Uso del artículo determinado. Miscelánea. Sintaxis	223	133
	Preposiciones varias. Sintaxis	224	133
	Léxico: antónimos de verbos	225	134
UNIDAD 36	**Ser** y **estar** con adjetivos que cambian de significado según vayan con uno u otro verbo. Sintaxis	226	135
	Ser y **estar** con referentes adverbiales y adjetivales. Sintaxis	227	135
	Artículo determinado. Sintaxis	228	136
	Uso especial del pronombre personal objeto **lo** (integración atributiva con **ser, estar** y **parecer**). Sintaxis	229	136
	Contraste entre **cada** y **todo, -a, -os -as**. Sintaxis	230	137
	Léxico: nombres de oficios	231	137

		N.º de ejercicio	Pág.

UNIDAD 37 Imperativos con pronombres personales propuestos. Forma negativa.
Ejercicio de transformación 232 139

Imperativos con pronombres personales antepuestos. Forma afirmativa.
Ejercicio de transformación 233 139

Imperativos con pronombres personales propuestos. Forma negativa.
Ejercicio de transformación 234 139

Palabras que cambian de significado según el género. Sintaxis 235 140

Uso especial del pronombre personal objeto **lo**. Sintaxis 236 140

Léxico: nombres de países ≠ gentilicios 237 141

UNIDAD 38 Pretérito indefinido. Estímulo pregunta/respuesta. Morfosintaxis 238 142

Contraste imperfecto ≠ indefinido con referentes adverbiales. Morfo-
sintaxis 239 142

Contraste indefinido ≠ imperfecto con referentes adverbiales. Morfo-
sintaxis 240 142

Numerales ordinales. Usos de **primer(o)** y **tercer(o).** Sintaxis 241 143

Sinónimos de adverbios en **-mente** 242 143

Adjetivos y pronombres demostrativos contrastados. Sintaxis 243 143

Léxico: interjecciones y exclamaciones de uso corriente. Ejercicio de creación 244 144

UNIDAD 39 Contraste imperfecto (valor habitual) ≠ indefinido (limitación en el tiempo). Ejercicio de comprensión 245 145

Contraste imperfecto (habitualidad) ≠ indefinido (limitación temporal).
Sintaxis.. 246 145

Contraste imperfecto (acción en desarrollo) ≠ indefinido (limitación en el
tiempo). Ejercicio de comprensión. Sintaxis 247 146

Contraste imperfecto (acción en desarrollo) ≠ indefinido (limitación en el
tiempo). Sintaxis... 248 146

Artículo determinado. Sintaxis 249 146

Antónimos de verbos 250 147

UNIDAD 40 Contraste indefinido ≠ imperfecto (acción puntual ≠ acción en proceso).
Sintaxis.. 251 148

Uso del imperfecto en oraciones temporales (acción en proceso).
Sintaxis 252 148

Contraste imperfecto ≠ indefinido (acción en proceso ≠ acción puntual).
Sintaxis 253 148

Contraste imperfecto ≠ indefinido (casos especiales con los verbos **conocer, saber** y **querer).** Sintaxis 254 149

Contraste imperfecto ≠ indefinido (casos especiales). Sintaxis 255 149

		N° de ejercicio	Pág.
	Contraste imperfecto ≠ indefinido (miscelánea). Sintaxis	256	149
	Léxico: adjetivos calificativos de campo semántico parecido (ejercicio de relación)	257	150
UNIDAD 41	Presente habitual. Morfosintaxis	258	151
	Presente con valor de futuro. Morfosintaxis	259	151
	Contraste: presente simple (valor habitual) ≠ presente continuo (valor no habitual). Sintaxis	260	151
	Contraste: presente ≠ imperfecto con referentes temporales. Sintaxis	261	152
	Adjetivo: grado superlativo (regular e irregular). Sintaxis	262	152
	Pronombre posesivo: contraste forma absoluta ≠ forma con preposición. Sintaxis	263	152
	Preposiciones: miscelánea. Sintaxis	264	152
	Léxico: nombres colectivos	265	153
UNIDAD 42	Futuro y condicional simples de probabilidad. Ejercicio de creación. Sintaxis ..	266	154
	Futuro y condicional compuestos de probabilidad. Ejercicio de creación. Sintaxis	267	154
	Futuros y condicionales simples y compuestos de probabilidad. Ejercicio de sustitución. Sintaxis	268	155
	Uso del futuro perfecto en oraciones compuestas (temporales). Morfosintaxis ..	269	155
	Usos del futuro perfecto y condicional perfecto en la oración compuesta. Sintaxis	270	155
	Artículo determinado: masculino, femenino y neutro. Sintaxis	271	156
	Pronombres personales objeto. Ejercicio de creación. Sintaxis	272	156
	Léxico: palabras de campo semántico cercano	273	157
UNIDAD 43	Pretérito perfecto = pretérito indefinido. Usos intercambiables	274	158
	Pretérito perfecto ≠ pretérito indefinido. Usos no intercambiables. Sintaxis	275	158
	Pretérito perfecto ≠ pluscuamperfecto. Usos paralelos. Sintaxis	276	159
	Contraste pretérito perfecto, indefinido y pluscuamperfecto. Sintaxis	277	159
	Artículo determinado. Casos especiales	278	159
	Contraste entre **mal** ≠ **malo, -a, -os, -as**. Sintaxis	279	160
	Léxico: verbos de fácil confusión **salir, ir(se)**, **marchar(se)**, **doler, hacer(se) daño,** etc.	280	160
UNIDAD 44	Presente e imperfecto de subjuntivo (oraciones sustantivas). Correspondencia de tiempos. Morfosintaxis	281	162
	Presente de subjuntivo (oraciones sustantivas). Morfosintaxis. Ejercicio de creación	282	162

Presente de subjuntivo (oraciones sustantivas). (Interrogativa indirecta.)
    Sintaxis. Ejercicio de creación 283   163

Uso del indicativo en la oración sustantiva. Sintaxis 284   163

Uso del subjuntivo en la oración sustantiva (constatación negativa). Sintaxis .. 285   163

Ejercicio de acentuación sobre palabras homónimas................................ 286   163

Pronombres personales objeto. **Le = lo** 287   164

Palabras que cambian de significado según el género............................. 288   164

Léxico: formación de adverbios en **-mente.** Ejercicio de derivación 289   165

UNIDAD 45   Indicativo ≠ subjuntivo en oraciones sustantivas impersonales. Sintaxis .. 290   166

Indicativo ≠ subjuntivo en oraciones sustantivas impersonales. Sintaxis ... 291   166

Subjuntivo en oraciones sustantivas personales. Correlación de tiempos.
    Sintaxis 292   167

Subjuntivo en oraciones sustantivas personales. Correlación de tiempos.
    Sintaxis 293   167

Demostrativos: uso especial contraste antepuesto ≠ pospuesto. Sintaxis .. 294   167

Usos contrastados de **algún, -o, -a, -os, -as ≠ ningún, -o, -a, -os, -as.**
    Sintaxis 295   168

Verbo específico 296   168

Léxico: nombres de partes del cuerpo 297   168

UNIDAD 46   Subjuntivo ≠ indicativo (oraciones temporales y concesivas). Sintaxis 298   170

Subjuntivo ≠ indicativo (oraciones temporales y concesivas). Sintaxis 299   170

Subjuntivo ≠ indicativo (oraciones temporales y concesivas). Sintaxis 300   170

Subjuntivo ≠ indicativo (oraciones temporales y concesivas). Estilo indi-
    recto. Sintaxis 301   171

Uso comparativo y ponderativo de **tan.** Sintaxis 302   171

Comparaciones. Fórmulas correlativas. **Cuanto – más; tanto – como** 303   171

Verbos con régimen preposicional. Sintaxis. Ejercicio de creación 304   171

Léxico: enseres domésticos, etc. 305   172

UNIDAD 47   El subjuntivo en oraciones condicionales, finales y **sin que.** Sintaxis 306   174

Subjuntivo ≠ indicativo (oraciones condicionales). Sintaxis 307   174

Subjuntivo ≠ indicativo. Usos de **si** y de **como** condicional y consecutivo.
    Sintaxis (correlación de tiempos) 308   174

Indicativo ≠ subjuntivo con **si.** Correlación de tiempos. Sintaxis 309   175

Indicativo ≠ subjuntivo con la partícula **si.** Correlación de tiempos.
    Sintaxis 310   175

Preposiciones. Miscelánea. Sintaxis 311   175

Ejercicio de derivación. Prefijos negativos (**in-** o **des-**) 312   176

Léxico: modismos y frases hechas 313   176

		Nº de ejercicio	Pág.

UNIDAD 48   Indicativo ≠ subjuntivo (oraciones adjetivas o de relativo). Sintaxis   314   178

El subjuntivo en oraciones de relativo. Fórmulas reduplicativas. Sintaxis.
Ejercicio de creación 315   178

Subjuntivo ≠ indicativo en oraciones independientes, oraciones dubitativas y desiderativas. Sintaxis 316   179

Preposiciones. Miscelánea 317   179

Comparación. Usos de **más de** ≠ **más que.** Sintaxis 318   179

Ejercicio de derivación. Prefijos **(re-** y **ex-)** 319   180

Léxico: modismos y expresiones varias 320   180

UNIDAD 49   Subjuntivo ≠ indicativo. Recopilación. Sintaxis 321   182

Subjuntivo ≠ indicativo. Recopilación. Sintaxis 322   182

Subjuntivo ≠ indicativo. Recopilación. Sintaxis 323   182

Artículo determinado, indeterminado o neutro. Sintaxis 324   183

Preposiciones. Miscelánea 325   183

Léxico: nombres de especial complejidad 326   183

UNIDAD 50   Pretérito imperfecto de subjuntivo. Verbos irregulares. Miscelánea. Morfosintaxis 327   185

Subjuntivo ≠ indicativo en oraciones temporales. **Siempre que; mientras** y casos especiales. Sintaxis 328   185

Subjuntivo = infinitivo en oraciones con distinto sujeto. Sintaxis 329   185

Artículo indeterminado. Sintaxis 330   186

Preposiciones. Miscelánea 331   186

Léxico: nombres geográficos 332   186

UNIDAD 51   Formas verbales simple y continua (progresiva) contrastadas. Sintaxis
(acción habitual ≠ acción actual) 333   188

Formas verbales simple y continua contrastadas. Sintaxis 334   188

Uso impersonal del verbo **haber** 335   188

Artículo determinado. Uso enfático. Ejercicio de transformación. Sintaxis   336   189

Pronombres personales redundantes 337   189

Uso de las fórmulas comparativas **cuanto más (menos) ... más (menos) ... mejor
(peor).** Sintaxis 338   190

Léxico: nombres de funcionarios y actividades diversas 339   190

UNIDAD 52   Uso indiferenciado de las estructuras temporales **llevar; hacer** y **desde
hace.** Ejercicio de transformación. Sintaxis 340   192

Perífrasis verbales con infinitivo y gerundio. Miscelánea. Ejercicio de creación. Sintaxis 341   192

Perífrasis verbales con infinitivo y gerundio. Sintaxis 342   192

Perífrasis verbales con infinitivo. Sintaxis 343   193

		Nº de ejercicio	Pág.
	Perífrasis **haber que** ≠ **tener que**. Sintaxis	344	193
	Artículo indeterminado. Usos especiales (enfático y aproximativo). Sintaxis ..	345	194
	Ejercicio de acentuación sobre palabras homónimas	346	194
	Léxico: nombres de productos del campo (frutas, cereales y verduras)	347	194
UNIDAD 53	Pronombres relativos con artículo determinado. Sintaxis	348	196
	Pronombres relativos. **Que; quien(es); cuyo, -a, -os, -as** contrastados. Sintaxis .	349	196
	Pronombres relativos. Sustitución de **el, la, los, las cual(es)** por **que** y **quien**. Sintaxis	350	196
	Artículo (determinado, indeterminado y neutro). Recopilación. Sintaxis ...	351	197
	Usos de **nadie, nada, nunca, ninguno** contrastados. Ejercicio de creación. Sintaxis	352	197
	Léxico: modismos y expresiones con los verbos **sacar** y **pegar**	353	197
UNIDAD 54	Pronombres y adverbios relativos. Casos especiales. Sintaxis	354	199
	Pronombres y adverbios relativos. Casos especiales. Sintaxis. Ejercicio de creación	355	199
	Pronombres relativos. Cambio de oración yuxtapuesta a oración de relativo. Ejercicio de transformación. Sintaxis	356	200
	Numerales. Cardinales, ordinales y partitivos	357	200
	Pronombres personales objeto. Cambio de posición sintáctica con inclusión de pronombre personal. Ejercicio de transformación. Sintaxis ..	358	200
	Ejercicio sobre verbo específico	359	201
	Léxico: modismos y expresiones de uso corriente	360	201
UNIDAD 55	Voz impersonal y pasiva refleja con **se**. Sintaxis	361	203
	Voz pasiva tradicional ≠ voz pasiva refleja. Sintaxis	362	203
	Voz activa a voz pasiva tradicional o voz pasiva refleja o impersonal. Sintaxis	363	203
	Voz impersonal, voz pasiva refleja y pasiva tradicional a voz activa. Ejercicio de transformación. Sintaxis	364	204
	Artículo determinado, indeterminado. Sintaxis	365	204
	Léxico: modismos expresiones varias	366	204
UNIDAD 56	Preposiciones **por** ≠ **para**. Sintaxis	367	206
	Preposiciones **por** ≠ **para.** Sintaxis	368	206
	Locuciones preposicionales y adverbiales. Ejercicio de creación. Sintaxis	369	207
	Verbos pronominales (seudoimpersonales). Sintaxis	370	207
	Pronombres personales. Cambio de posición sintáctica con inclusión de dos pronombres personales. Ejercicio de transformación. Sintaxis ...	371	207
	Léxico: nombres de campo semántico cercano (prendas de vestir, partes del cuerpo, etc.)	372	208

Primer ciclo

Unidad uno

1. Dé la forma apropiada del presente de *ser.*

1. Ustedes _____ Juan y Carmen.
2. Helen _____ canadiense.
3. Mi cuñado _____ socialista.
4. ¿No _____ (tú) protestante?
5. Jorge Guillén y Vicente Aleixandre _____ dos grandes poetas españoles.
6. Nosotros _____ militares.
7. ¿Quién de ustedes _____ el electricista?
8. Vosotras no _____ millonarias.

2. Dé la forma apropiada del presente de *ser.*

1. Estas cosas no _____ nuestras.
2. Eso _____ muy interesante.
3. Esta copa no _____ de cristal.
4. Ellas no _____ españolas; _____ de Puerto Rico.
5. Esas cortinas _____ marrones.
6. La fiesta _____ el sábado por la noche.
7. Vosotros no _____ los primeros.
8. Hoy _____ lunes.

3. Dé la forma apropiada del presente de *estar.*

1. Los vecinos _____ fuera.
2. Acapulco _____ en Méjico.
3. ¿Cómo _____ (tú)? (Yo) _____ regular.
4. Nuestro profesor _____ enfermo.
5. La iglesia _____ a la izquierda de la plaza.
6. Mariano _____ acostado.
7. Ahora (nosotros) _____ de vacaciones.

Ponga *el, la, los* o *las* delante de las siguientes palabras.

_____ café	_____ mujer	_____ salud
_____ sofá	_____ días	_____ tesis
_____ hombre	_____ jardín	_____ animal
_____ mano	_____ naranjas	_____ colegio
_____ autor	_____ problemas	_____ gafas
_____ ciudad	_____ bicicletas	_____ sistemas

 Deletree las siguientes palabras y haga la separación silábica.

abrir	fino	caza
muy	éxito	pan
vino	salsa	bodega
garaje	hola	ordenador

Adjetivos de colores. Conteste a las siguientes preguntas.

1. ¿De qué color es la nieve? _____
2. ¿De qué color es el cielo? _____
3. ¿De qué color es la sangre? _____
4. ¿De qué color es la hierba? _____
5. ¿De qué color son los toros bravos normalmente? _____
6. ¿De qué color son las hojas de los árboles en otoño? _____
7. ¿De qué color son las nubes? _____

APUNTES DE CLASE

7. Dé la forma apropiada del presente de *ser*.

1. Mañana _____ seis de septiembre.
2. _____ bueno respirar aire puro.
3. Mi hermana pequeña _____ muy inteligente.
4. Jorge _____ bastante sexista.
5. La secretaria _____ encantadora.
6. (Nosotros) _____ diez alumnos en la clase.

8. Dé la forma correcta del presente de indicativo de los verbos *ser* o *estar*.

1. Yo (ser) _____ francés.
2. Ellos (estar) _____ aquí.
3. Ustedes no (ser) _____ católicos.
4. Juan (estar) _____ enfermo.
5. ¿(Ser) _____ tú ingeniero?
6. Antoñita (estar) _____ en clase.
7. Eso (ser) _____ fácil.
8. Yo (estar) _____ cansado.
9. Nosotros (ser) _____ españoles.
10. ¿Cómo (estar) _____ usted?
11. Vosotros (ser) _____ simpáticos.
12. Ellos (ser) _____ médicos.
13. ¿Dónde (estar) _____ vosotros?
14. Ese lugar (estar) _____ lejos de aquí.
15. ¿Por qué (estar) _____ tú aquí?

9. Ponga la forma correcta del presente de los verbos *ser* o *estar*, según convenga.

1. Nosotros _____ en la clase.
2. Hoy _____ domingo.

3. Enrique _____ protestante.

4. ¿Dónde _____ su abrigo?

5. Vosotros _____ ingleses, ¿verdad?

6. El niño _____ dormido.

7. Mi tío _____ abogado.

8. Tú _____ de Granada.

9. Yo _____ contento.

10. Vosotras _____ inteligentes.

10. Ponga *al* o *del* en las siguientes frases.

1. Francia está _____ norte de España.

2. El agua _____ mar no es potable.

3. Voy _____ cine todos los fines de semana.

4. El abrigo _____ muchacho era gris.

5. Me habló _____ libro que había escrito.

6. Recibió la noticia _____ día siguiente.

7. Tenemos que tratar _____ problema de la juventud.

8. He dejado mi coche _____ lado _____ tuyo.

9. Vengo _____ dentista.

10. Los hombres _____ Sur son morenos.

11. Escriba el acento sobre la vocal adecuada.

medico	Perez
leccion	papa
sofa	lapiz
boton	arbol
pajaro	despues
jardin	detras

12. Complete la frase con la palabra que exija el contexto.

1. El Vesubio es un _____

2. París es una _____

3. El Misisipí es un _____

4. Alemania es un _____

5. El Everest es un _____

6. El Atlántico es un _____

7. El Mediterráneo es un _____

8. Cuba es una _____

9. El Titicaca es un _____

APUNTES DE CLASE

Unidad tres

13. Conteste a las siguientes preguntas repitiendo el verbo *ser* o *estar* en la persona y tiempo correspondientes.

1. ¿Qué es usted?
2. ¿Cómo estás?
3. ¿Dónde está tu hermano?
4. ¿Cuándo es tu cumpleaños?
5. ¿Qué día es hoy?
6. ¿De dónde sois vosotros?
7. ¿Estáis vosotros aquí?
8. ¿Quién está al lado de la ventana?
9. ¿Cómo es la clase?
10. ¿Están ustedes bien?

14. Dé la forma correcta del presente de los verbos *ser* o *estar*, según convenga.

1. ¿Qué hora _____ ?
2. La Habana _____ la capital de Cuba.
3. Pepe no _____ con ellos.
4. Jesús ya no _____ amigo mío.
5. Aquí _____ donde vivo.
6. Este café _____ frío.
7. La fiesta _____ en mi casa.
8. Rafael ya _____ mejor.
9. Ahora (yo) _____ bien.
10. La boda _____ el lunes próximo.

15. Ponga la forma correcta del pretérito imperfecto de indicativo de los verbos *ser* o *estar*, según convenga.

Yo era estudiante

Tú _____

Yo estaba en Valencia

Tú _____

Usted _____   Usted _____
Él _____   Él _____
Ella _____   Ella _____
Nosotros, -as _____ Nosotros, -as _____
Vosotros, -as _____ Vosotros, -as _____
Ustedes _____   Ustedes _____
Ellos (ellas) _____ Ellos (ellas) _____

16. **Ponga la forma correcta del pretérito indefinido de los verbos *ser* o *estar*, según convenga.**

Yo fui futbolista   Yo estuve en Alemania
Tú _____   Tú _____
Usted _____   Usted _____
Él (ella) _____   Él (ella) _____
Nosotros, -as _____ Nosotros, -as _____
Vosotros, -as _____ Vosotros, -as _____
Ustedes _____   Ustedes _____
Ellos (ellas) _____ Ellos (ellas) _____

17 **Preposiciones *a* y *de*. Elija la adecuada.**

1. Ese hombre no es _____ aquí.
2. ¿Ves _____ la niña?
3. Nos veremos _____ la una.
4. Estos vasos son _____ plástico.
5. Te espero _____ la salida _____ la oficina.

18. **Diga el femenino de las siguientes palabras.**

hombre   actor
rey   padrino
príncipe   caballo
duque   toro
Padre   varón

19. Conteste a las siguientes preguntas.

1. ¿Cuáles son los días de la semana? _____
2. ¿En qué estación del año salen las flores? _____
3. ¿En qué meses hace más calor en tu país? _____
4. ¿En qué estación del año hace más frío? _____
5. ¿En qué estación del año se caen las hojas de los árboles? _____
6. ¿Cuál es el mes más corto del año? _____
7. ¿En qué mes estamos? _____
8. ¿En qué mes es la Navidad? _____
9. ¿Cuáles son los meses de primavera? _____

APUNTES DE CLASE

Unidad cuatro

20

Ejercicio sobre *ser* y *estar*. **Ponga la forma adecuada de uno u otro verbo.**

1. ¡No hables con él! Hoy (él) no _____ de buen humor.
2. Todavía (yo) no _____ preparado para el examen.
3. Antes de ir a América (él) _____ profesor.
4. (Yo) _____ muy orgulloso de ti.
5. No vive en Madrid; sólo _____ de paso.
6. La mesa _____ de madera.
7. ¿Cuánto _____ esto?
8. La luz _____ apagada.
9. Ese programa electoral _____ racista.
10. Muchos chinos _____ budistas.

21

Elija la forma correcta *hay* o *está(n)* en las siguientes frases.

1. ¿Cuántas faltas _____ en ese dictado?
2. ¿Dónde _____ un cenicero?
3. ¿Dónde _____ los servicios?
4. No _____ nadie aquí.
5. ¿Qué _____ en ese cajón?
6. Allí _____ el tocadiscos.
7. Allí _____ muchas sillas.
8. ¿Dónde _____ la calle Princesa?
9. ¿En qué época _____ fresas?
10. ¿_____ alguna pregunta?

22

Ponga *el, la, los* o *las* en las siguientes frases.

1. El bar está en _____ esquina.
2. _____ tren sale a _____ ocho.

3. ¿Tienes ya _____ coche nuevo?

4. _____ calles del centro de Madrid son muy estrechas.

5. Hay un cuadro en _____ pared de mi cuarto.

6. No me gustan _____ bromas.

7. _____ juventud no es una edad, es una enfermedad.

8. _____ hojas de _____ árboles se caen en _____ otoño.

9. Me lavo _____ dientes con un cepillo.

10. Durante _____ Semana Santa hay muchas procesiones en España.

23 Haga frases que tengan sentido con las siguientes expresiones.

tener sueño	tener hambre
tener ganas de	tener años
tener sed	tener calor
tener prisa	tener frío
tener cuidado	tener miedo
tener razón	tener dolor

24 Coloque los posesivos en las siguientes frases.

1.ª persona singular:

1. _____ padre es médico.

2. _____ amigas estudian español.

3. _____ ventana da a la calle.

4. Aquí están _____ libros.

2.ª persona singular:

1. _____ jardín tiene muchas flores.

2. He visto a _____ tíos.

3. ¿Es ésa _____ cama?

4. Ahí tienes _____ cosas.

3.ª persona singular:

1. _____ coche está en el garaje.

2. _____ máquina de escribir no funciona.

3. Hoy no cena con _____ padres.

4. No me gustan _____ bromas.

1.ª persona plural:

1. _____ ideas son distintas.
2. Ahí viene _____ jefe.
3. _____ negocios van mal.
4. ¿Es ésta _____ comida?

2.ª persona plural:

1. _____ hijos son muy simpáticos.
2. Ya tengo _____ dirección.
3. _____ maletas están abiertas.
4. ¿Cuál es _____ cuarto?

3.ª persona plural:

1. _____ cuñado vino a verme.
2. Nos recibieron en _____ oficina.
3. Nos hablaron de _____ problemas.
4. Perdieron _____ documentos.

Usted, ustedes:

1. ¿Me da usted _____ teléfono, por favor?
2. Vengan ustedes con _____ cuadernos mañana.
3. ¿Cómo está _____ esposa?
4. ¿Me ha dado usted _____ señas?

25 Partes del cuerpo. Conteste a las siguientes preguntas.

1. ¿Con qué vemos?
2. ¿Con qué oímos?
3. ¿Con qué comemos?
4. ¿Con qué olemos?
5. ¿Con qué tocamos y cogemos las cosas?
6. ¿Con qué andamos?
7. ¿Con qué masticamos?
8. ¿Qué se mueve dentro de la boca cuando hablamos?
9. ¿Con qué escribimos a máquina?
10. ¿Con qué jugamos al fútbol?

26 Ponga los verbos entre paréntesis en la forma correcta del presente de indicativo.

1. Yo (beber) _____ vino, no agua.
2. Nosotros (aprender) _____ español.
3. Vosotros (hablar) _____ francés.
4. Ella (escribir) _____ una novela.
5. Ellos no (vivir) _____ en Madrid.
6. ¿A qué hora (entrar) _____ usted a trabajar?
7. Yo no (comer) _____ en casa los domingos.
8. ¿Por qué no (abrir) _____ (tú) la ventana?
9. Ustedes (estudiar) _____ poco.
10. El (llamar) _____ a la puerta.

27 Ponga los siguientes verbos en la tercera persona del presente de indicativo.

hablar	preguntar
responder	escribir
vivir	enseñar
estudiar	comer
abrir	llamar

28 Conteste a las siguientes preguntas repitiendo el verbo en la persona correspondiente.

1. ¿Canta usted bien? _____
2. ¿Qué miráis vosotros? _____
3. ¿A quién esperas? _____
4. ¿Dónde viven ustedes? _____
5. ¿Qué compran ellos? _____
6. ¿Cuándo trabajan ustedes? _____

7. ¿Quién limpia la casa? _____
8. ¿Cómo viaja usted? _____
9. ¿A qué hora cenan los españoles? _____
10. ¿Lee usted mucho? _____

29 Diga el plural de las siguientes palabras.

buey	_____	andaluz	_____
marroquí	_____	reloj	_____
café	_____	orden	_____
gas	_____	drama	_____
cruz	_____	ley	_____
rubí	_____	lunes	_____
paraguas	_____	libertad	_____
viernes	_____	martes	_____

30 Preposiciones *de* y *en*. Elija la adecuada.

1. Se vistió _____ rojo.
2. _____ Galicia hay mucho marisco.
3. Soy _____ Madrid.
4. Vivió cinco años _____ los Estados Unidos..
5. Ya es hora _____ acostarse.
6. El ladrón entró _____ la casa.
7. No somos partidarios _____ la violencia.
8. Haga el favor _____ callarse.

31 Conteste a las siguientes preguntas.

1. ¿En qué mes (o meses) caen las vacaciones de Semana Santa? _____
2. ¿En qué mes (o meses) caen las vacaciones de verano? _____
3. ¿En qué mes (o meses) caen las vacaciones de Navidad? _____
4. ¿En qué mes empiezan y terminan las clases en las escuelas de su país? _____
5. ¿Qué mes viene antes de abril? _____
6. ¿Qué mes viene después de octubre? _____

Unidad seis

32. **Termine las siguientes frases poniendo el infinitivo en la forma correcta del presente de indicativo.**

1. Tu amigo (esperar) _____
2. Estos señores (andar) _____
3. El niño (hablar) _____
4. ¿(Ver) Vosotros _____
5. Nosotros (lavar) _____
6. Los padres (educar) _____
7. El profesor (enseñar) _____
8. Esa chica (preguntar) _____
9. Tú no (responder) _____
10. Vosotros (subir) _____

33. **Termine las siguientes frases repitiendo el verbo en forma negativa.**

1. Yo trabajo, pero tú _____
2. Ella toca el piano, pero yo _____
3. Nosotros contestamos la pregunta, pero vosotros _____
4. Tu hermano paga la cuenta, pero tus amigos _____
5. Él desayuna muy temprano, pero nosotros _____
6. El anciano baja las escaleras muy despacio, pero ellos _____ despacio.
7. Los padres sufren por sus hijos, pero los hijos _____ por sus padres.
8. Tu hermano rompe todo, pero yo _____ nada.
9. La criada limpia la casa, pero yo _____ mi cuarto.

34. **Repita la estructura de la frase modelo con los siguientes verbos.**

MODELO: *¿A qué hora entra Luisa a trabajar?*

llegar	comer
estudiar	leer
levantar	desayunar

35. Haga una pregunta en el presente con cada uno de los siguientes verbos. Use los interrogativos *qué, cuándo* y *cuál*, según convenga.

comprar	llegar
limpiar	meter
terminar	tomar
recibir	correr
dejar	acabar

36. Lea los siguientes números.

1, 10, 13, 17, 5, 23, 71, 8, 55, 14, 39, 7, 101, 46, 60, 82, 98, 6, 11, 213, 500, 770, 925, 676, 48, 107, 1.025, 6.810, 5.555, 3.405, 2.001.

37. Explique el significado de los siguientes modismos y utilícelos en frases.

faltar a clase

darse cuenta de algo

tomar el pelo a alguien

meter la pata

ir de juerga

estar hasta el gorro

38. Conteste a las siguientes preguntas.

1. ¿Cómo se llama la fruta del peral?

2. ¿Cómo se llama la fruta del manzano?

3. ¿Cómo se llama la fruta del naranjo?

4. ¿Cómo se llama la fruta del cerezo?

5. ¿Cómo se llama la fruta del limonero?

6. ¿Cómo se llama la fruta del ciruelo?

7. ¿Cómo se llama el fruto de la viña?

8. ¿Cómo se llama la fruta de la higuera?

Unidad siete

39. Presente de indicativo. Dé la forma adecuada.

1. (Ellos) no (perder) _____ el tiempo.
2. Antonia (mentir) _____ mucho.
3. (Yo) no (coger) _____ nunca taxis.
4. En el hotel (ellos-servir) _____ la cena a las nueve.
5. ¿(Seguir) _____ (tú) las instrucciones?
6. ¿Qué (construir) _____ (ellos) aquí?

40. Dé la forma correcta del presente de los verbos entre paréntesis.

1. Las clases (comenzar) _____ a las nueve.
2. Nosotros no (entender) _____ esa pregunta.
3. Yo lo (contar) _____ todo.
4. Vosotros nunca (encontrar) _____ entradas para el cine.
5. Él (pensar) _____ mucho.
6. ¿(Entender) _____ usted esto?
7. Yo no (encontrar) _____ la cartera.
8. Esta muñeca (mover) _____ las piernas y los brazos.
9. Ellos (cerrar) _____ las ventanas.
10. ¿Cuánto (costar) _____ esto?

41. Dé la forma correcta del presente de los verbos entre paréntesis.

1. Ella nunca (probar) _____ las patatas fritas.
2. (Yo) lo (sentir) _____ mucho.
3. Ellos (soler) _____ comer aquí los domingos.
4. Nosotros (dormir) _____ siete horas.
5. Él (jugar) _____ al baloncesto.
6. Tú no (mentir) _____ nunca.

7. ¿(Dormir) _____ usted bien?

8. Todos los dias (morir) _____ mucha gente en el mundo.

9. Yo no (conocer) _____ Marruecos.

42. Ponga el artículo determinado, masculino o femenino, delante de las siguientes palabras.

_____ clima	_____ cigüeña	_____ día
_____ idioma	_____ nieve	_____ mapa
_____ acción	_____ drama	_____ planeta
_____ telegrama	_____ legumbres	_____ programa
_____ amistad	_____ poder	_____ poema
_____ tema	_____ sistema	_____ problema

43. Conteste a las siguientes preguntas siguiendo el modelo.

MODELO: ¿Te gustó la película? ➤ A mí *no me gustó*, pero *a él sí le gustó*.

1. ¿Os gustó la película? ➤ A nosotros _____, pero a ellos _____

2. ¿Le gustó a usted la película? ➤ A mí _____, pero a ustedes _____

3. ¿Les gustó a ellos la película? ➤ A ellos _____, pero a nosotros _____

4. ¿Le gustó a ella la película? ➤ A ella _____, pero a ti _____

5. ¿Les gustó a ustedes la película? ➤ A nosotros _____, pero a él _____

6. ¿Les gustó a ellas la película? ➤ A ellas _____, pero a mí _____

7. ¿Te gustaron las películas? ➤ A mí _____, pero a ustedes _____

8. ¿Os gustaron las películas? ➤ A nosotros _____, pero a ellos _____

9. ¿Les gustaron a ustedes las películas? ➤ A nosotros _____, pero a ti _____

44. Diga los adjetivos de significación contraria a los siguientes.

1. La catedral es *bonita*. _____

2. La calle es *estrecha*. _____

3. Estoy *triste*. _____

4. La falda es muy *corta*. _____

5. La pared es *blanca*. _____

6. Ese hombre es *joven*. _____

7. La película es *divertida*. _____

8. La casa está *limpia*. ▔▔▔▔▔▔▔▔▔▔▔▔▔▔▔▔▔▔▔▔▔

9. Tiene unos pies *pequeños*. ▔▔▔▔▔▔▔▔▔▔▔▔▔▔▔▔▔

10. Ese chico es muy *alto*. ▔▔▔▔▔▔▔▔▔▔▔▔▔▔▔▔▔▔▔

APUNTES DE CLASE

Unidad ocho

45. **Dé la forma correcta del presente de los verbos entre paréntesis.**

1. Yo (coger) _____ el autobús todas las mañanas.
2. Yo (elegir) _____ este color.
3. Usted (parecer) _____ un mejicano con ese sombrero.
4. Ella (devolver) _____ las localidades.
5. Yo (escoger) _____ el camino más corto.
6. Tú (soñar) _____ todas las noches.
7. Él (demostrar) _____ que sabe la lección.
8. Ellos se (despertar) _____ muy temprano.
9. Ya (empezar) _____ a salir el sol.
10. Yo (recoger) _____ la basura por la noche.

46. **Dé la forma correcta del presente de los verbos entre paréntesis.**

1. Yo (obedecer) _____ las leyes.
2. Yo no (conducir) _____ bien.
3. Yo (agradecer) _____ mucho su visita.
4. Yo (traducir) _____ del inglés al español.
5. Él nunca (pedir) _____ favores.
6. Los ladrones (huir) _____ de la policía.
7. Yo todavía (seguir) _____ en la Universidad.
8. ¿Quién (construir) _____ este edificio?
9. Él (repetir) _____ siempre la misma pregunta.
10. ¿Cuánto (medir) _____ usted?

47. **Ponga la forma correcta del presente.**

1. Yo (ir) _____ a la Universidad.
2. Mi madre (cocinar) _____ muy bien.

3. Sus tíos (venir) _____ mañana.

4. Nosotros (saludar) _____ al profesor.

5. Yo no (hacer) _____ los ejercicios.

6. Este cuchillo (cortar) _____ muy mal.

7. Yo (poner) _____ la mesa.

8. Juan (sacar) _____ las entradas.

9. Esta palabra no (venir) _____ en mi diccionario.

10. ¿(Ir) _____ (tú) de excursión el domingo?

48. Lea las siguientes frases.

1. Son las 7,15 de la tarde.

2. Eran las 6,35 de la mañana.

3. Son las 8,30 de la mañana.

4. El tren sale a las 18,40.

5. El avión llegó a las 12 de la noche.

6. La clase empieza a las 5,45 de la tarde.

7. Salí del cine a las 7,25.

8. Ayer vi a tu hermano a la 1,30 en el centro.

9. Las tiendas cierran a las 8 de la tarde.

10. Los museos abren a las 9 de la mañana.

49. Conteste a las siguientes preguntas, en forma negativa y afirmativa sustituyendo la parte en cursiva por el pronombre adecuado.

1. ¿Sacaste *las entradas*?

2. ¿Has terminado *el ejercicio*?

3. ¿Vas a limpiar *el coche*?

4. ¿Han fregado *los platos*?

5. ¿Has probado *la tarta*?

6. ¿Vas a fumar *ese puro*?

7. ¿Has cerrado *las ventanas*?

8. ¿Has mandado ya *las cartas*?

9. ¿Hay *mucha nieve en la sierra*?

50. Use la palabra que mejor le vaya al contexto.

1. Compré un _____ de patatas.

2. Le eché 15 _____ de gasolina al coche.

3. Se necesitan 3 _____ de tela para este traje.

4. Comí 200 _____ de jamón yo solo.

5. Tú pesas 70 _____

6. Compramos 1/2 _____ de queso.

7. Ese camión puede llevar 10 _____ de carga.

8. Ese coche puede correr a 280 _____ por hora.

9. Compré una _____ de huevos.

10. Bebo 1/2 _____ de vino en cada comida.

APUNTES DE CLASE

Unidad nueve

51. **Rellene los puntos con la forma adecuada del presente del verbo *haber*.**

1. (Yo) ya _____ comido.
2. (Nosotros) nunca _____ ido allí.
3. (Vosotros) _____ venido temprano.
4. ¿(Tú) _____ visto a Juan?
5. (Ella) _____ recibido varias cartas.
6. (Usted) _____ estado en el hospital.
7. (Ellos) no _____ sido buenos.
8. (Ustedes) no _____ sabido contestar.
9. (Vosotras) _____ comido mucho.
10. (Él) _____ hecho su examen.

52. **Haga una pregunta en presente con cada uno de los siguientes verbos usando distintas personas, y conteste empleando el mismo verbo.**

querer	decir	poder
traer	saber	poner
hacer	tener	ir
salir	dar	oír
caer	valer	reír
caber	venir	estar

53. **Forme el plural de las siguientes frases.**

1. Dice que la mujer sueca es muy guapa. _____
2. El caballo de mi tío era muy rápido. _____
3. El sábado no trabajo. _____
4. Este chico parece inteligente. _____
5. En ese balcón hay muchas flores. _____
6. Llevo un papel en la cartera. _____

54. Ponga en singular las siguientes frases.

1. Nos cansamos mucho.
2. Vosotros os ponéis los guantes.
3. Ellas os lo darán.
4. Ustedes no nos ayudan.
5. Ellos os regalaron ese jarrón.
6. Ellos se visten rápidamente.
7. ¿Se han lavado ustedes?
8. No nos gusta el marisco.
9. Ellas se han mudado de casa.
10. Vosotras no nos invitáis nunca.

55. Sustituya la parte en cursiva por la forma del pronombre personal sin preposición.

1. Lo trajo *para mí*.
2. Lo traje *para ti*.
3. Lo han traído *para usted*.
4. Lo traerán *para él*.
5. Lo trajeron *para ella*.
6. Lo traen *para nosotros*.
7. Lo traen *para vosotros*.
8. Lo trajeron *para ustedes*.
9. Lo traían *para ellos*.
10. Lo traen *para ellas*.

56. Rellene los puntos con el nombre de parentesco adecuado.

1. Los padres de mi madre son mis
2. La hermana y el hermano de mi padre son mis
3. La mujer de mi hermano es mi
4. Los hijos de mi hermana son mis
5. El hijo de mi tía es mi
6. Los padres de mi marido son mis
7. El marido de mi hija es mi

Unidad diez

57. Imperativo. Dé la forma apropiada.

1. ¡(Mirar) _Mira_ (tú) aquí!
2. ¡(Hablar) _____ (vosotros) más bajo!
3. ¡(Repartir) _Reparte_ (tú) las hojas!
4. ¡(Meter) _Meta_ (usted) la llave en la cerradura!
5. ¡(Subir) _Suban_ (ustedes) las escaleras con cuidado!
6. ¡(Beber) _Bebed_ (vosotras) este vino!
7. ¡(Trabajar) _Trabaja_ (tú) bien!

58. Ponga el infinitivo entre paréntesis en la forma correcta del imperativo.

1. (Tú-volver) _Vuelve_ a las doce.
2. (Tú-oler) _Uele_ esta flor.
3. (Tú-oír) _Oye_ esta canción.
4. ¡Chico! (probar) _Prueba_ estas croquetas.
5. (Vosotros-empezar) _Empezad_ a trabajar.
6. (Tú-encender) _Enciende_ la luz.
7. (Tú-elegir) _Elige_ el mejor.   To choose
8. (Tú-medir) _Mide_ la longitud de este tabique.   Is measure
9. (Tú-repetir) _Repite_ esta frase.
10. (Tú-seguir) _Sigue_ a ese hombre.
11. (Tú-distribuir) _Distribuye_ los periódicos.
12. (Vosotros-destruir) _Destruid_ los documentos.
13. (Tú-venir) _Ven_ temprano.

59. Rellene los puntos con la forma adecuada del imperativo de los infinitivos entre paréntesis.

1. (Tú-salir) _Sal_ al balcón.
2. (Tú-poner) _Pon_ la mesa.

3. (Vosotros-salir) _____Salid_____ en seguida.
4. (Tú-ir) _____Ve_____ a buscarle.
5. (Tú-hacer) _____Haz_____ lo que te he dicho.
6. (Vosotras-decir) _____Decid_____ la verdad.
7. (Tú-ser) _____Es Se_____ bueno. *irregular*
8. (Tú-venir) _____Ven_____ a verme.
9. (Tú-tener) _____Ten_____ cuidado.
10. (Vosotros-ir) _____Id_____ a la escuela.
11. (Tú-decir) _____Di_____ lo que piensas.

60. Rellene los puntos con la forma del demostrativo adecuada.

A) *Este, -a, -os, -as.*

   Aquí hay un chico; *este* chico se llama Juan.

1. Aquí hay cigarrillos; _____ cigarrillos son rubios.
2. Aquí hay una botella; _____ botella está vacía.
3. Aquí hay un soldado; _____ soldado lleva uniforme.
4. Aquí hay unas camisas; _____ camisas son blancas.
5. Aquí hay una cartera; _____ cartera es de piel.

B) *Ese, -a, -os, -as.*

   Ahí hay un señor; *ese* señor es maestro.

1. Ahí hay unos jardines; _____ jardines son privados.
2. Ahí hay una tienda; _____ tienda está abierta.
3. Ahí hay unas llaves; _____ llaves son del coche.
4. Ahí hay un guardia; _____ guardia tiene una pistola.
5. Ahí hay una cama; _____ cama es muy cómoda.

C) *Aquel, -lla, -llos, -llas.*

   Allí hay un teatro; *aquel* teatro es muy antiguo.

1. Allí hay un castillo; _____ castillo está en una montaña.
2. Allí hay unas piedras; _____ piedras son grandes.
3. Allí hay unos árboles; _____ árboles son pinos.
4. Allí hay una fuente; _____ fuente está seca.
5. Allí hay unos perros; _____ perros están ladrando.

61. Elija de entre estos interrogativos: *qué, cuál(es), dónde, por qué, cómo, cuándo, desde cuándo,* el que más convenga a cada una de las siguientes frases.

1. ¿_____ de esas dos señoras es tu madre?
2. ¡Pero hombre!, ¿_____ te pasa?

3. ¿————————— ha hecho eso?

4. ¿————————— lo supiste tan pronto?

5. ¿————————— saliste de Madrid?

6. ¿————————— vives ahora?

7. ¿————————— hace ese señor?

8. ¿————————— no me habéis dicho la verdad?

9. ¿————————— son las ciudades españolas que usted conoce?

10. ¿————————— estás aquí, Ramón?

62. Señale sobre su cuerpo las siguientes partes.

corazón

hombro

cintura

riñones

muslo

cuello

pestañas

pelo

APUNTES DE CLASE

Unidad once

63. Ponga los siguientes verbos en la segunda persona, singular y plural *(tú-vosotros)* del imperativo.

Vete irse	*ve/idos/ios*	sentarse	*siéntate / sentáos*
Ponte ponerse	*ponéos*	lavarse	*lávate / laváos*
cállate callarse	*callaos*	casarse	*cásate / caséos*
Quédate quedarse	*quedáos*	acostarse	*acuéstate / acostáos*
despídete despedirse	*despidáos*	volverse	*vuélvete / volvéos*
duérmete dormirse	*dormíos*	vestirse	*vístete / vestíos*
diviértete divertirse	*divertíos*	reírse	*ríete / reíos*
báñate bañarse	*bañáos*	quitarse	*quítate / quitáos*

64. Ponga estos imperativos en forma negativa.

1. ¡Levántate temprano! *No te levantes temprano!*
2. ¡Quedaos en casa! *No os quedeis en casa*
3. ¡Cállense ustedes! *No se callen uds*
4. ¡Mírate en el espejo! *No te mires en el espejo*
5. ¡Párese usted ahí! *No se pare ahí*
6. ¡Acuéstate pronto! *No te acuestes pronto*
7. ¡Límpiate la nariz! *No te limpies la nariz*
8. ¡Hazte un traje nuevo! *No te hagas un traje nuevo*
9. ¡Cambiaos de casa! *No os cambieis de casa*
10. ¡Apréndete esto de memoria! *No te aprendas ello de memoria*
11. ¡Dése usted prisa! *No se dé prisa*

65. Diga el masculino de las palabras en cursiva.

1. Su *madre* murió el año pasado.
2. Su *hermana* se ha casado hace dos meses.

3. *Mamá* está muy *enferma*. _____

4. La *protagonista* de la película moría al final. _____

5. Mi *nuera* es de Guadalajara. _____

6. *Esa actriz* es muy *conocida*. _____

7. En el piso de al lado vive *una modista*. _____

8. Había *una joven* tomando café. _____

9. *La marquesa* fue muy amable con nosotros. _____

66. Dé el posesivo adecuado.

MODELO: Yo vivo en *mi casa.* ➤ Él vive en *la suya.*

Yo vivo en _____

Tu vives en _____

Él vive en _____

Usted vive en _____

Nosotros vivimos en _____

Vosotros vivís en _____

Ustedes viven en _____

Ellos viven en _____

Ellas viven en _____

67. Use los siguientes modismos en frases apropiadas.

tirar de la lengua _____

ser un pasota _____

quedar(se) con (alguien) _____

andarse por las ramas _____

hacer las paces _____

decir tacos _____

meterse en líos _____

irse al grano _____

68. Dé el nombre del país correspondiente.

alemanas	_____	inglés	_____
sueca	_____	suizos	_____
francés	_____	griegas	_____
portugueses	_____	italiana	_____
rusas	_____	estadounidense	_____
japonesa	_____	árabes	_____

Unidad doce

69. Ponga estos imperativos en forma afirmativa.

1. ¡No crucéis la calle!   ¡Cruzad la calle!
2. ¡No cuelgues la gabardina!   _to hang_   _raincoat_   Cuelga la gabardina
3. ¡No sirva usted la comida!   Sirva la comida
4. ¡No te olvides de esa fecha!   Olvídate de esa fecha
5. ¡No cojas el autobús!   Coge el autobús
6. ¡No os sentéis aquí!   Sentaos aquí
7. ¡No te des prisa!   _hurry up!_   Date prisa
8. ¡No te cases!   Cásate
9. ¡No despertéis a los niños!   Despertad a los niños
10. ¡No subáis al árbol!   Subid al árbol

70. Ponga estos imperativos en forma negativa.

sal

salid

sed

traducid

huele

oíd

ven

di

cierren ustedes

pon

vaya usted

huye

pedid

vuelve

71. Conteste a las siguientes preguntas repitiendo la forma en cursiva y una de las palabras de la columna de la derecha.

1. ¿Qué es *esto*?   redondo
2. ¿Cómo es *eso*?   un libro
3. ¿Dónde está *eso*?   ahí
4. ¿Qué es *aquello* de allí?   una radio
5. ¿Cuándo ocurrió *eso*?   diez pesetas
6. ¿Qué es *esto* de aquí?   azul
7. ¿Cuánto vale *eso*?   ayer
8. ¿De qué color es *aquello*?   una carta
9. ¿Qué es *eso* de ahí?   dos duros
10. ¿Cuánto es *esto*?   un reloj

72. Use la forma correcta de los pronombres personales en las siguientes frases.

1. No te preocupes; está con _____ (yo).
2. Este paquete es para _____ (tú).
3. Te he visto en la calle con _____ (él).
4. Yo con _____ (tú) voy al fin del mundo.
5. ¿Queréis venir con _____ (nosotros)?
6. Me habló muy bien de _____ (ellos).
7. No he sabido nada de _____ (tú) en estos últimos días.
8. Antonio no se lleva bien con _____ (yo).

73. Preposiciones *en* y *con*. Elija la apropiada.

1. _____ primavera suele hacer buen tiempo.
2. Por las noches sueño _____ ella.
3. ¡No te enfades _____ él!
4. Los ateos no creen _____ Dios.
5. He hablado _____ ella esta mañana.
6. Esta región es rica _____ minerales.
7. No se lleva bien _____ su hermano.
8. Le gusta la comida _____ poca sal.

74. **Rellene los puntos con el nombre de parentesco adecuado.**

1. La esposa de mi hijo es mi _____
2. La madre de mi abuelo es mi _____
3. Mi hijo de bautismo es mi _____
4. Mi padre de bautismo es mi _____
5. Mi madre de bautismo es mi _____
6. Mis primos, tíos, cuñados, etc., son mis _____
7. El hombre cuya esposa ha muerto y no se ha casado de nuevo es _____

APUNTES DE CLASE

Unidad trece

75. Diga la 1.ª y 3.ª personas del singular del pretérito indefinido de los siguientes verbos.

pasar	ir	parar
venir	reservar	hacer
encargar	poner	decidir
querer	meter	sacar
poder	colocar	reír
recibir	saber	beber

76. Dé la forma correcta del pretérito indefinido de los verbos entre paréntesis.

1. Ella (traer) _____ las maletas.
2. Él no (dormir) _____ en casa.
3. Ayer (yo-jugar) _____ al dominó.
4. Ellos (mentir) _____
5. Su marido (morir) _____ el mes pasado.
6. Él (conducir) _____ un camión.
7. Ellos (pedir) _____ la cuenta.
8. Ellas (huir) _____ de mí.
9. Ella (seguir) _____ las instrucciones.
10. Este ingeniero (construir) _____ el puente.

77. Dé la forma apropiada del pronombre personal.

1. A ellos no _____ gustó el viaje.
2. No _____ caigo bien a ella.
3. A mi mujer _____ encantó tu libro.
4. ¿_____ ha tocado la lotería (a ti)?
5. (A nosotros) no _____ sentó bien el pescado.

6. (A vosotras) _____ encanta esquiar.

7. Ese actor _____ cae muy bien (a mí).

8. Ahora _____ toca a ti pagar el café.

9. A ellos _____ faltan 1.000 pesetas.

10. Yo no _____ gusto a Manolo.

78. Lea las siguientes frases.

1. Mi número de teléfono es 6 37 53 13 .

2. Juanita vive en Serrano, número 175.

3. La guerra civil española comenzó en el año 1936.

4. La matrícula de mi coche es M 5615 JA.

5. Tengo la clase en el aula 005.

6. El kilo de azúcar vale 140 pesetas.

7. El 19 de marzo es el día de San José.

8. Llegaremos el jueves día 3 de abril.

9. La Nochebuena se celebra el 24 de diciembre.

10. Una tonelada es igual a 1.000 kilos.

79. Elija de entre una de estas partículas: *como, que, más, menos, tan,* la que más convenga a cada una de las siguientes oraciones.

1. Tu amigo no baila tan bien _____ tú.

2. Este chiste es menos gracioso _____ el otro.

3. Las mangas de mi camisa son más cortas _____ las de la tuya.

4. No duermo tanto _____ otras personas.

5. El cielo está más azul _____ ayer.

6. Picasso es _____ moderno que Goya.

7. Este camino no es _____ corto como aquél.

8. Este espectáculo no me gusta; es _____ divertido que ése.

9. Este niño es mucho más listo _____ sus hermanos.

10. En el sur de España llueve bastante _____ que en el norte.

80. Señale sobre su cuerpo las siguientes partes.

rodilla

tobillo

codo
muñeca
mejilla
cejas
frente
uña

APUNTES DE CLASE

Unidad catorce

81. Diga la 1.ª y 3.ª personas del singular del pretérito indefinido de los siguientes verbos.

salir	arreglar
caer	permanecer
dar	tener
oír	respetar
andar	partir
invitar	conducir

82. Diga la forma correcta del pretérito indefinido de los verbos que aparecen en las siguientes frases.

1. El patrón (despedir) al empleado.
2. El profesor (corregir) los ejercicios.
3. Ellos (sentir) mucho mi desgracia.
4. Yo (traducir) este libro.
5. El fuego (destruir) la casa.
6. Ellas (conseguir) el premio.
7. Ella (vestirse) en seguida.
8. Tu amigo (preferir) quedarse en casa.
9. La bomba (producir) grandes daños.
10. Ellos (repetir) la pregunta.
11. Esperanza (reírse) mucho.

83. Dé la forma apropiada del pretérito indefinido.

1. (Él-ser) _____ alcalde durante la guerra.
2. (Ellos-trabajar) _____ en Alemania durante dos años.
3. Ayer (nosotros) no (salir) _____ de casa.
4. (Ellas-marcharse) _____ ayer.

5. (Yo) no (comer) _____ nada durante veinticuatro horas.

6. Ayer (nosotros-cerrar) _____ la tienda antes de las ocho.

7. (Yo) no os (ver) _____ durante todas las vacaciones.

8. ¿Te (telefonear) _____ tu novio ayer?

84. Complete las siguientes frases usando el posesivo adecuado.

1. Estos son *mis* guantes. ➤ Estos guantes son _____

2. Este es *su* postre. ➤ Ese postre es _____

3. Aquellas son *vuestras* patatas fritas. ➤ Aquellas patatas fritas son _____

4. Estos son *tus* calcetines. ➤ Estos calcetines son _____

5. Esa es *mi* cuchara. ➤ Esa cuchara es _____

6. Estas son *tus* corbatas. ➤ Estas corbatas son _____

7. Aquellas son *sus* zapatillas. ➤ Aquellas zapatillas son _____

8. Este es *nuestro* apartamento. ➤ Este apartamento es _____

9. Esa es *vuestra* librería. ➤ Esa librería es _____

10. Estos son *vuestros* vasos. ➤ Estos vasos son _____

85. Comparativos irregulares. Rellene los puntos con la forma apropiada.

1. Tu bicicleta es (bueno) _____ que la mía.

2. El examen de Pedro fue (malo) _____ que el tuyo.

3. Yo soy (viejo) _____ que ella.

4. Él es (joven) _____ que tú.

5. Estas cucharas son (malo) _____ que ésas.

86. Dé el nombre del establecimiento que corresponda.

panadero _____

tendero _____

carnicero _____

pescadero _____

farmacéutico _____

relojero _____

87. Conjugue el pretérito imperfecto de indicativo de los siguientes verbos.

perseguir	servir
recoger	ver
tirar	caber
volar	rendir

88. Sustituya las formas verbales en cursiva por las correspondientes del pretérito imperfecto, según el modelo.

MODELO: Jaime *solía dormir* mucho los fines de semana. ➤ Jaime *dormía* mucho los fines de semana.

1. El profesor *solía llegar* en punto. ➤
2. *Solíamos hacer* un poco de "footing" todas las mañanas. ➤
3. *Solía comer* en el restaurante Miramar. ➤
4. Tú *solías ir* a cazar los domingos, ¿verdad? ➤
5. Él *solía llevar* el pelo largo. ➤

89. Conteste a las siguientes preguntas utilizando un verbo en pretérito imperfecto de indicativo.

1. ¿Qué hacían ellos los domingos?
2. ¿A qué hora os acostabais?
3. ¿Cómo ibas a la Universidad?
4. ¿Cuánto pagabas por la pensión?
5. ¿Por qué gastabas tanto dinero?

90. Ponga la terminación correcta a los adjetivos que aparecen en las siguientes frases.

1. Los gatos tienen la piel suav _____
2. El metro iba llen _____
3. Llevaba siempre chaquetas azul _____
4. Esos pobr _____ hombres están cieg _____
5. Esa chica tiene un aspecto muy trist _____
6. La sopa ya está frí _____
7. Es un escritor muy célebr _____
8. Era una persona muy cult _____
9. Hay cosas que son imposibl _____
10. El colchón de mi cama está muy bland _____
11. Las nuev _____ lavadoras son muy práctic _____
12. Esta casa tiene agua calient _____
13. Estas sábanas no están limpi _____
14. Era una mujer muy sensibl _____
15. Esa idea no es nada sensat _____

91. Sustituya las partes en cursiva por el pronombre personal equivalente.

1. Yo te presté *mi pluma*. _____
2. Ellos venden *entradas para el fútbol*. _____
3. Conocimos *a tu amigo* ayer. _____
4. Él trajo *los pasteles*. _____
5. ¿Quién tradujo *esta novela*? _____
6. Despedimos *a la criada*. _____
7. ¿Por qué habéis elegido *este regalo*? _____
8. ¿Cuándo construyeron *estas casas*? _____
9. He visto *a vuestros primos*. _____
10. Todavía no has saludado *a tus tías*. _____

92. Dé el nombre de los países correspondientes.

japonés _____   mejicano _____

australiano _____   egipcio _____

argentino _____   escocés _____

brasileño _____   indio _____

israelí _____   uruguayo _____

peruano _____   cubano _____

Unidad dieciséis

93. Ponga los infinitivos en la forma adecuada del futuro imperfecto.

1. El jefe (explicar) _____ el problema.
2. Tú (faltar) _____ a clase mañana.
3. Él (comer) _____ en el restaurante.
4. Su hermana (vivir) _____ conmigo.
5. Nosotros (enviar) _____ regalos.
6. Ellos (traer) _____ el paquete.
7. Ustedes (recibir) _____ 20.000 pesetas.
8. Yo (pagar) _____ la cuenta.
9. Vosotras (volver) _____ mañana.
10. Usted (divertirse) _____ mucho.

94. Dé la forma adecuada del futuro imperfecto de los verbos entre paréntesis.

1. Tú (poner) _____ la mesa.
2. El tren (salir) _____ a las seis.
3. Nosotros (venir) _____ a verte.
4. Yo (decir) _____ la verdad.
5. Vosotros no (caber) _____ en el coche.
6. El nuevo modelo (valer) _____ mucho.
7. Ustedes (tener) _____ poco trabajo.
8. Ellas (saber) _____ hablar español muy pronto.
9. Vosotras (hacer) _____ una excursión.
10. Usted (querer) _____ venir.
11. Ella no (poder) _____ salir esta tarde.

95. Futuro de probabilidad. Conteste a las siguientes preguntas utilizando la misma forma que aparece en la pregunta.

1. ¿Dónde *estará* Blas ahora? _____
2. ¿Quiénes *serán* esas chicas? _____

3. ¿Qué *pensará* Javier de mi vestido? _____
4. ¿Quién *llamará* a estas horas? _____
5. ¿*Estará* embarazada? _____
6. ¿Qué *llevará* en ese bolso? _____
7. ¿Cuántos años *tendrá* esa mujer? _____
8. Tiene un acento extraño; ¿*será* extranjero? _____

96 Conteste a las siguientes preguntas afirmativa y negativamente en primera persona.

1. ¿Te has enterado de las últimas noticias?
2. ¿Os habéis puesto el impermeable?
3. ¿Se ha dado usted cuenta de su manera de hablar?
4. ¿Cuándo os marcháis?
5. ¿Se fueron ustedes temprano?
6. ¿Te han saludado los vecinos de arriba?
7. ¿Le he asustado a usted?
8. ¿Os importaría quedaros un rato más?
9. ¿Te hace falta algo más?
10. ¿Le gustan a usted los calamares fritos?
11. ¿Le apetece una pizza?

97 Haga preguntas que correspondan a las siguientes respuestas, utilizando las partículas interrogativas adecuadas.

1. Mañana es sábado. _____
2. Vino ayer. _____
3. Iremos nosotros. _____
4. Porque estaba cansado. _____
5. En el bar de la esquina. _____
6. Estoy muy bien, gracias. _____
7. Hemingway escribió esa novela. _____
8. Porque tengo prisa. _____
9. Yo he llamado por teléfono. _____
10. Trabajamos aquí desde hace un mes. _____
11. Se quedó en Roma hasta enero. _____

98. Diga el nombre del que trabaja en los siguientes establecimientos.

zapatería _____

joyería _____

frutería _____

sastrería _____

taberna _____

pescadería _____

panadería _____

churrería _____

taller _____

cafetería _____

APUNTES DE CLASE

Unidad diecisiete

99. Conjugue el condicional simple de los siguientes verbos.

tomar	caber
vivir	poner
poder	querer
venir	hacer
meter	salir
saber	tener

100. Sustituya las palabras en cursiva por la forma correspondiente del condicional simple, según el modelo.

MODELO:
{ Seguramente
  Probablemente }   era africano. → Sería africano.

1. *Probablemente estaba* enferma. →
2. *Seguramente necesitaban* dinero. →
3. *Seguramente se conocían.* →
4. *Probablemente eran* novios. →
5. *Seguramente esperabas* a alguien. →

101. Conteste a las siguientes preguntas con un verbo en condicional simple.

1. ¿Dónde iría anoche a esas horas?
2. ¿Qué haría en París?
3. ¿Cuándo conocería a su actual marido?
4. ¿Quién sería ese individuo?
5. ¿Cómo llegaría Irene allí?
6. ¿Cuánto pagarían por el video?

102. Elija, de la columna de la derecha, el adjetivo adecuado a cada frase estableciendo la concordancia debida.

1. Me fío mucho de él; es muy _____
2. Sansón era un hombre _____
3. Se nota que esa señora ha recibido una buena educación; es muy _____
4. Siempre nos están ayudando; son unas mujeres muy _____
5. Los sabios auténticos suelen ser _____

fuerte
generoso
formal
fino
humilde

103. Sustituya las partes en cursiva por los pronombres personales equivalentes.

1. Tú lo dijiste *a todo el mundo*. _____
2. Compré un regalo *a mis padres*. _____
3. Pedí un favor *a la portera*. _____
4. Dimos una propina *al camarero*. _____
5. La hice *para Juan*. _____
6. Di el recado *a tus vecinos*. _____
7. Las vendí *a Maite y Clara*. _____
8. Lo cuenta *a todas sus amigas*. _____
9. Di un beso *a las niñas*. _____

104. Escriba el acento sobre la vocal adecuada.

tenia	cantais
policia	rio
dia	ordenes
escribis	tendreis
bahia	deficit
esceptico	raices
naufrago	todavia
huerfano	huesped
democrata	republica
grua	cuenteselo

105. Dé los nombres del establecimiento donde se compran los siguientes artículos.

1. Artículos de limpieza. _____
2. Artículos de aseo personal. _____
3. Herramientas varias. _____
4. Alimentos. _____
5. Zapatos. _____
6. Medicinas. _____
7. Alimentos dietéticos. _____

Unidad dieciocho

106. Dé el participio pasado de los siguientes verbos.

salir	bailar
tener	comprar
saber	haber

107. Dé los participios pasados correspondientes a los siguientes infinitivos.

poner	abrir
ver	satisfacer
morir	romper
escribir	decir
volver	hacer
descubrir	cubrir
resolver	deponer

108. Dé la forma apropiada del participio pasado.

1. ¿Me has (decir) _____ la verdad?
2. Hemos (comprar) _____ otro televisor.
3. ¿Has (escribir) _____ a tus padres?
4. No ha (haber) _____ mucha gente en la corrida.
5. Han (romper) _____ la lámpara.
6. ¿No has (volver) _____ nunca a tu pueblo?
7. Ya han (resolver) _____ el problema.
8. Luisa ha (tener) _____ mucha suerte.
9. ¿Te has (poner) _____ la camisa de cuadros?
10. No los hemos (ver) _____ en un año.

109. Ponga la terminación correcta a los adjetivos que aparecen en las siguientes frases.

1. Las camisas eran blanc _____
2. Las hojas de los árboles son verd _____
3. Me gustan los tipos simpátic _____
4. La máquina de escribir estaba estropead _____
5. Tenía los pantalones rot _____
6. Sancho Panza era gord _____ y baj _____
7. Las bailarinas suelen ser delgad _____ y ágil _____
8. Aquella mujer era muy groser _____
9. ¿Por qué están esas chicas tan content _____ hoy?
10. Yo fumaba tabaco negr _____
11. Tenía el pelo rubi _____
12. Estos asientos son incómod _____
13. Estas naranjas no están muy dulc _____
14. Tus hermanos son unos vag _____

110. Preposiciones *con* y *a*. Elija la adecuada.

1. Vive _____ seis millas de la capital.
2. Me conformo _____ el segundo premio.
3. Te llevaré _____ la estación en mi coche.
4. Cené _____ ellos anoche.
5. Se enfadó _____ su marido.
6. Se dedica _____ la enseñanza.

111. Use los interrogativos *qué* o *cuál* según convenga.

1. ¿_____ hay de nuevo?
2. ¿_____ es la diferencia?
3. ¿_____ diferencia hay entre el bien y el mal?
4. ¿_____ es esto?
5. ¿_____ de ellos prefiere usted?
6. ¿_____ reloj es el tuyo?
7. ¿_____ importa lo que haga?
8. No sé con _____ de ellos quedarme.
9. ¿_____ es el paraguas de Juan?
10. ¿_____ le preguntó el profesor?

11. ¿ _____ cosa te has comprado?

12. ¿ _____ es usted?

13. ¿ _____ es su profesión?

14. ¿ _____ nos recomienda usted?

15. ¿ _____ es su dirección?

APUNTES DE CLASE

Unidad diecinueve

112 Dé las primeras personas, singular y plural, del pretérito pluscuamperfecto de los siguientes verbos.

MODELO: beber → *había bebido / habíamos bebido*

había/habíamos

			había/habíamos	
recibido	recibir	poner		puesto
cubierto	cubrir	estar		estado
visto	ver	volver		vuelto
hecho	hacer	abrir		abierto
		decir		~~decidido~~ dicho

tener

113 Dé las formas de segunda persona (tú y vosotros) del futuro perfecto de los siguientes verbos.

MODELO: saber → *habrás sabido / habréis sabido*

habrías/habréis - erto

			habréis/habréis	
	descubrir	querer		querido
tomado	tomar	leer		leído
roto	romper	poner		puesto
escrito	escribir	preguntar		preguntado
resuelto	resolver	llorar		llorado

114 Dé las formas de tercera persona, singular y plural (él-ellos), del condicional compuesto de los siguientes verbos.

MODELO: cantar → *habría cantado / habrían cantado*

habría/habrían

			habría/habrían	
paseado	pasear	volver		vuelto
conseguido	conseguir	querer		querido
puesto	poner	decir		dicho
roto	romper	abrir		abierto
visto	ver	descubrir		descubierto

115. Sustituya con una sola forma las palabras en cursiva.

MODELO: *muy bueno* → *buenísimo*

1. Sus padres son *muy ricos.* →
2. Su abuela era *muy simpática.* →
3. Estoy *muy contento.* →
4. Llegó *muy puntual.* →
5. Esto es algo *muy normal.* →
6. Era una mujer *muy guapa.* →
7. Estaba *muy cansado.* →
8. Era una obra *muy aburrida.* →
9. El flan estaba *muy dulce.* →
10. Llevas un vestido *muy gracioso.* →

116. Dé la forma adecuada del adjetivo.

1. Hace muy (bueno) _____ día.
2. Velázquez es un (grande) _____ pintor.
3. Hizo muy (malo) _____ tiempo ayer.
4. (Santo) _____ Isidro es el patrón de Madrid.
5. La gente suele comprar en los (grande) _____ almacenes.
6. Hay que tener cuidado con las (mala) _____ compañías.
7. El Escorial es una (grande) _____ obra de arquitectura.
8. (Santo) _____ Teresa fue muy (bueno) _____ escritora.
9. He tenido (malo) _____ suerte con ese coche.
10. Buenos Aires es una (grande) _____ ciudad.

117. Explique el significado de los siguientes modismos y utilícelos en frases.

pasarlo bien (mal)
estar de mal (buen) humor
llevarse bien (mal) con alguien
estar a gusto (disgusto)
poner verde a alguien

118. **Conteste a las siguientes preguntas con la palabra adecuada.**

1. ¿Con qué nos limpiamos los dientes? _____
2. ¿Con qué nos peinamos? _____
3. ¿Con qué se enciende un cigarrillo? _____
4. ¿Con qué se barre el suelo? _____
5. ¿Con qué se lava la ropa? _____
6. ¿Con qué se juega al tenis? _____
7. ¿Con qué nos secamos después de la ducha? _____
8. ¿Con qué nos bañamos en la playa? _____
9. ¿Con qué se graba la voz de una persona? _____
10. ¿En qué aparato se ponen los discos? _____
11. ¿Con qué se sacan los corchos? _____

APUNTES DE CLASE

Unidad veinte

119 Conjugue el presente de subjuntivo de los siguientes verbos (dé las personas del singular para los tres verbos de la izquierda, y las personas del plural para los de la derecha).

estudiar: _estudie_ / _estudie_ / _estudie_ hablar: _hablemos_ / _habléis_ / _hablen_

aprender: _aprenda_ / _aprendas_ / _aprenda_ comer: _comamos_ / _comáis_ / _coman_

vivir: _viva_ / _vivas_ / _viva_ escribir: _escribamos_ / _escribáis_ / _escriban_

120 Conjugue el presente de subjuntivo de los siguientes verbos.

pensar: _piense_ / _pienses_ / _piense_ / _pensemos_ / _penséis_ / _piensen_

entender: _entienda_ / _entiendas_ / _entienda_ / _entendemos_ / _entendéis_ / _entiendan_

mentir: _mienta_ / _mientas_ / _mienta_ / _mentamos_ / _mentáis_ / _mientan_

cerrar: _cierre_ / _cierres_ / _cierre_ / _cerremos_ / _cerréis_ / _cerran_

121 Conjugue el presente de subjuntivo de los siguientes verbos.

volver: _vuelva_ / _vuelvas_ / _vuelva_ / _volvamos_ / _volváis_ / _vuelvan_

servir: _sirva_ / _sirvas_ / _sirva_ / _sirvamos_ / _sirváis_ / _sirvan_

pedir: _pida_ / _____ / _____ / _____ / _____ / _____

recordar: _recuerde_ / _____ / _____ / _____ / _____ / _____

122 Conjugue el presente de subjuntivo de los siguientes verbos.

coger: _coja_ / _____ / _____ / _____ / _____ / _____

vencer: _venza_ / _____ / _____ / _____ / _____ / _____

exigir: _exija_ / _____ / _____ / _____ / _____ / _____

traducir: _traduzca_ / _____ / _____ / _____ / _____ / _____

construir: _construya_ / _____ / _____ / _____ / _____ / _____

jugar: _juegue_ / _____ / _____ / _____ / _____ / _____

123. Dé las primeras personas (singular y plural) del presente de subjuntivo de los siguientes verbos.

dar: _dé_ / _demos_

ir: _vaya_ / _vayamos_

hacer: _haga_ / _hagamos_

venir: _venga_ / _vengamos_

oír: _oiga_ / _oigamos_

poner: _ponga_ / _pongamos_

saber: _sepa_ / _sepamos_

124. Cambie la posición de los pronombres en cursiva, siguiendo el modelo.

MODELO: *Nos lo* van a dar. ➔ Van a *dárnoslo*.

1. *Te lo* puedes comprar mañana. ➔
2. *Se lo* quiero decir yo mismo. ➔
3. *Nos lo* estaban haciendo a toda prisa. ➔
4. *Me la* tendrá que dar tarde o temprano. ➔
5. *Os lo* iba a decir. ➔
6. *Se lo* debe comunicar cuanto antes. ➔
7. *Me* estaba engañando continuamente. ➔
8. Su hermano *le* viene a ver todos los días. ➔
9. *Me lo* está repitiendo continuamente. ➔
10. *Te* quiero ver aquí a la hora en punto. ➔

125. Conteste a las siguientes preguntas con la palabra adecuada.

1. ¿Con qué se corta el papel, los tejidos, etc.? _____
2. ¿Con qué se esquía? _____
3. ¿Con qué se hacen fotografías? _____
4. ¿Con qué se saca la rueda pinchada de un coche? _____
5. ¿Dónde se mantienen frescos los alimentos? _____
6. ¿Con qué se cose un botón? _____
7. ¿Con qué se sujetan los pantalones? _____
8. ¿Con qué se clava un clavo? _____

Unidad veintiuna

126. Dé las terceras personas (singular y plural) del presente de subjuntivo de los siguientes verbos.

salir: _salga_ / _salgan_
traer: _traiga_ / _traigan_
ver: _vea_ / _vean_
decir: _diga_ / _digan_
haber: _haya_ / _hayan_
tener: _tenga_ / _tengan_

127. Ponga el verbo entre paréntesis en la forma adecuada del presente de subjuntivo.

1. Quiero que (tú-descansar) _descanses_ más.
2. Es necesario que me (ella-dar) _dé_ su número de teléfono.
3. Vendré cuando (usted-querer) _quiera_
4. Saldremos a la calle aunque (llover) _llueva_
5. Lo repito para que lo (tú-entender) _entiendas_ mejor.
6. Comeremos lo que nos (apetecer) _apetezca_

128. Dé las primeras personas (singular y plural) del imperfecto de subjuntivo de los siguientes verbos.

pensar: _pensase_ / _pensásemos_
correr: _corra_ / _corriésemos_
salir: _saliera_ / _saliésemos_
escribir: _escribiera_ / _escribiésemos_

129. Dé las segundas personas (singular y plural) del imperfecto de subjuntivo de los siguientes verbos.

repetir: _____ / _____
seguir: _____ / _____

pedir: _____ / _____
morir: _____ / _____
preferir: _____ / _____

130. Use el artículo determinado apropiado.

1. Me duelen _____ muelas.
2. Me hacen daño _____ zapatos.
3. ¿Le duele a usted _____ cabeza?
4. Se rompió _____ pierna derecha.
5. Se cortó _____ pelo.
6. Pedro se puso _____ chaqueta.
7. Llevas _____ pantalones rotos.
8. Tengo que lavarme _____ dientes.
9. Perdí _____ cartera en el metro.
10. Tengo _____ manos frías.

131. Preposiciones *de* y *en*. Elija la adecuada.

1. Se marchó _____ España _____ 1990.
2. Me gusta fumar _____ pipa.
3. ¡Cuántas pesetas hay _____ un duro?
4. Se presentó _____ repente.
5. No tengo el gusto _____ conocerle.
6. Tengo interés _____ ver ese partido.

132. Conteste a las siguientes preguntas.

1. ¿Cómo se llama el que no ve? _____
2. ¿ .... el que no oye? _____
3. ¿ .... la que no puede hablar? _____
4. ¿ .... el que anda con dificultad? _____
5. ¿ .... la que habla con dificultad? _____
6. ¿ .... el que le falta un brazo? _____
7. ¿ .... la que le falta un ojo? _____
8. ¿ .... el que no tiene pelo en la cabeza? _____
9. ¿ .... la que es demasiado baja? _____
10. ¿ .... el que tiene la vista cruzada? _____

Unidad veintidós

133 Dé las terceras personas (singular y plural) del imperfecto de subjuntivo de los siguientes verbos.

traducir: _tradujera_ / _tradujeran_
leer: _leyera_ / _leyeran_
conducir: _condujera_ / _condujeran_
caer: _cayera_ / _cayeran_
sustituir: _sustituyera_ / _sustituyeran_

134 Dé las personas del singular del imperfecto de subjuntivo de los siguientes verbos.

tener: _tuviera_ / _tuvieras_ / _tuviera_
estar: _estuviera_ / _estuvieras_ / _estuviera_
ser: _fuera_ / _fueras_ / _fuera_
haber: _hubiera_ / _hubieras_ / _hubiera_
poder: _pudiera_ / _pudieras_ / _pudiera_
andar: _anduviera_ / _anduvieras_ / _anduviera_

135 Dé las personas del plural del imperfecto de subjuntivo de los siguientes verbos.

saber: _supiéramos_ / _supierais_ / _supieran_
poner: _pusiéramos_ / _pusierais_ / _pusieran_
decir: _dijéramos_ / _dijerais_ / _dijeran_
venir: _viniéramos_ / _vinierais_ / _vinieran_
ir: _fuéramos_ / _fuerais_ / _fueran_
querer: _quisiéramos_ / _quisierais_ / _quisieran_
dar: _diéramos_ / _dierais_ / _doran_
caber: _cupiéramos_ / _cupierais_ / _cupieran_

136. Ponga el verbo entre paréntesis en la forma adecuada del imperfecto de subjuntivo.

descansaron

1. Quería que (tú-descansar) _descansaras_ más.
2. Era necesario que me (ella-dar) _diera_ su número de teléfono. *dieron*
3. Vendría cuando (usted-querer) _quisieran_
4. Saldríamos a la calle aunque (llover) _lloviera_
5. Lo repitió para que lo (tú-entender) _entendiera_ mejor.
6. Lo haría si se lo (nosotros-pedir) _pidiéramos_ *pidieran*
7. Comeríamos lo que nos (apetecer) _apeteciéramos_
   apeteciera

137. Elija el adjetivo de la lista de la derecha que pida el sentido de la frase.

1. Las calles de Toledo son muy _estrechas_   natural
2. Cuando llueve, las nubes son _grises_   gris
3. El boxeo, para muchos, es un deporte _cruel_   sencillo
4. Los zumos _naturales_ son más sabrosos que los de bote. cruel
5. Este problema es muy _sencillo_   estrecho

138. Use las formas *muy* o *mucho* en las siguientes frases, según convenga.

1. Sabía _mucho_
2. Esto está _muy_ bien.
3. Ese tío habla _mucho_
4. Estamos _muy_ contentos.
5. Era un chico _muy_ formal.
6. Trabaja _mucho_ y bien.
7. María es _muy_ simpática.
8. Ha vivido _mucho_
9. Te quiero _mucho_
10. La encontré _muy_ triste.
11. Me gusta la carne ~~mucho~~ hecha. ???
    muy ADJ.

139. Haga frases que tengan sentido con las siguientes palabras.

Hacienda   discoteca

taberna (tasca)   pensión

parador de turismo	gestoría
marisquería	boutique
fonda	heladería
hostal	grandes almacenes
Casa de Socorro	Ayuntamiento
Comisaría	Correos
Aduana	agencia de viajes
Renfe	carnet de identidad
consigna	carnet de conducir

APUNTES DE CLASE

Unidad veintitrés

140. Dé la forma adecuada del presente o imperfecto de subjuntivo, según los casos.

1. Prefiero que te (tú-poner) _____pongas_____ el sombrero nuevo.
2. Me gustaría que me lo (ellos-enviar) _____enviaran_____ a casa.
3. ¿Me permite usted que (yo-fumar) _____fume_____ ?
4. Nos extrañó que no (ellos-llamar) (~~hayan llamado~~) *hubieran* llamaran
5. ¡Siento mucho que no (usted-encontrarse) _____se encuentre_____ bien!
6. Dijo a su secretaria que (ella-pasar) _____pasara_____ la carta a limpio.

141. Dé la forma adecuada del presente o imperfecto de subjuntivo, según los casos.

1. Es una lástima que no (hacer) _____haga_____ sol.
2. Era necesario que (ellos-presentar) _____presentaran_____ su carnet de identidad.
3. Es lógico que (ella-estar) _____esté_____ cansada.
4. Era normal que la gente (protestar) _____protestara_____
5. Es posible que (ellos-conocer) _____conozcan_____ la noticia.
6. Es horrible que (haber) _____haya_____ guerras.

142. Dé la forma adecuada del presente o imperfecto de subjuntivo, según los casos.

1. Entraré cuando (entrar) _entren_ ~~entraran~~ los demás.
2. Ya lo sabía antes de que me lo (ellos-decir) ~~hayan dicho~~ dijeran
3. Lo reconocería tan pronto como (yo-verle) lo viera.
4. Os invito a todos en cuanto (nacer) _____nazca_____ mi primer hijo.
5. No bailaré contigo hasta que (tú-aprender) _____aprendas_____ a bailar.
6. Ven a casa cuando (tú-querer) _____quieras_____

93

143. Dé la forma adecuada del presente o imperfecto de subjuntivo, según los casos.

1. Beberé whisky aunque no me (sentar) _sente_ bien.
2. Se casaría con él aunque no (él-tener) _tuviera_ dinero.
3. No lo creeré aunque lo (yo-ver) _vea_ con mis propios ojos.
4. Estaría delgada aunque (ella-comer) _comiera_ mucho.
5. No lo haré aunque me (ellos-matar) _maten_

144. Ponga el artículo determinado delante de los siguientes nombres de ciudades y países.

Poético

_La_ Argentina	_El_ Brasil
_La_ Florida x	_La_ Coruña x
_El_ Canadá	_El_ Pakistán
_La_ India x	_El_ Uruguay
_El_ Cairo x	_La_ China

145. Deletree las siguientes palabras y haga la separación silábica.

kilo	Jaime
wáter	querer
horror	niño
ayer	pollo
bien	carro

146. Conteste a las siguientes preguntas con la palabra adecuada.

1. ¿Con qué nos lavamos la cabeza?
2. ¿Con qué se pintan los labios?
3. ¿Con qué se abre una lata de conservas?
4. ¿Con qué se limpian los zapatos?
5. ¿Qué prendas de vestir se necesitan cuando llueve?
6. ¿Qué se usa para comer la carne?

Hasta luego

taluego

talogo

Unidad veinticuatro

147. Dé la forma adecuada del presente o imperfecto de subjuntivo, según los casos.

1. Se asomó al balcón para que lo (ellos-ver) _____
2. Voy a encender el calentador para que te (tú-duchar) _____
3. Regaron las calles para que (estar) _____ limpias.
4. Te traigo estas instrucciones para que las (leer) _____
5. Me dio el impreso para que lo (yo-fotocopiar) _____

148. Dé la forma adecuada del presente o imperfecto de subjuntivo, según los casos.

1. Te presto el dinero con tal de que me lo (tú-devolver) _____
2. Llegará en punto a no ser que (haber) _____ algún atasco.
3. Yo no viajaría en avión a menos que no (yo-tener) _____ más remedio.
4. Le pagaré el doble con tal de que (usted-trabajar) _____ seis horas más a la semana.
5. No lo entenderán a no ser que se lo (ellos-explicar) _____ otra vez.

149. Dé la forma adecuada del presente o imperfecto de subjuntivo, según los casos.

1. Los que (llegar) _____ tarde, no podrán entrar.
2. Necesito una chica que (saber) _____ cuidar niños.
3. Lo que (él-elegir) _____ sería aceptado.
4. Quien (conocer) _____ la solución, que levante la mano.
5. El que (encontrar) _____ la cartera, tendrá una recompensa.
6. Necesitamos a alguien que (hablar) _____ ruso perfectamente.

150. Elija de la columna de la derecha el adjetivo que pida el sentido de la frase en cada caso.

1. No emplee usted esa expresión porque se considera muy _____ | débil
2. Las bebidas en España no son _____ | vulgar

3. Después de mi enfermedad, me sentía muy _____

4. Los temas del examen fueron _____

5. Las encerraron en un manicomio porque estaban _____

caro
loco
fácil

151 Use las palabras *alguien* o *nadie* en las siguientes frases, según convenga.

1. ¿No ha llegado _____ todavía?

2. ¿Ha visto _____ a Pepe?

3. No fue _____ a la reunión.

4. ¿Hay _____ aquí?

5. Esto es un misterio: _____ sabe lo que pasa.

6. No ha salido con _____ la semana pasada.

7. Esto debe ser de _____

8. No se molesta por _____

9. ¿Conoces a _____ en el Ayuntamiento?

10. Esta carta debe ser para _____ de casa.

152 Explique el significado de las siguientes frases con el verbo *hacer.*

1. Hacía la compra todos los días por la mañana.

2. A nadie le gusta hacer el ridículo.

3. ¡Pórtate bien y no hagas el tonto!

4. ¿A quién le toca hacer la cena hoy?

5. Si no puede venir, ¡qué le vamos a hacer!

6. Mañana tengo que hacer dos exámenes.

7. Quiero hacer una pregunta.

8. ¡No te hagas la sueca, Carmen!

153 Conteste a las siguientes preguntas.

1. ¿Qué animales se suelen tener en casa? _____

2. ¿Qué animal es el rey de la selva? _____

3. ¿Qué animales domésticos dan leche? _____

4. ¿Qué animal da lana? _____

5. ¿Qué animal tiene el cuello muy largo? _____

6. ¿Qué animal rebuzna? _____

7. ¿Qué pájaro puede hablar? _____

8. ¿Qué ave doméstica da huevos? _____

APUNTES DE CLASE

Unidad veinticinco

154. **Dé la forma adecuada del presente o imperfecto de subjuntivo de los verbos entre paréntesis, según los casos.**

1. ¡Ojalá me (equivocar) _____!
2. ¡Ojalá (yo-tener) _____ tu edad!
3. ¡Quién (tener) _____ tanto dinero como él!
4. ¡(Hacer) _____ usted el favor de dejarme en paz!
5. ¡Maldita (ser) _____! ¡Qué mala suerte tengo!
6. ¡Quién (estar) _____ soltera y sin compromiso!

155. **Dé la forma adecuada del presente de indicativo de los verbos entre paréntesis.**

1. ¿Crees que los obreros (estar) _____ de huelga?
2. Observo que aquí nunca (cambiar) _____ nada.
3. ¿Notáis que (haber) _____ menos muebles?
4. Vemos que la ciencia (avanzar) _____ de día en día.
5. ¿Te acuerdas de que hoy (ser) _____ mi cumpleaños?
6. Sabemos que ya no (ellos-vivir) _____ aquí.

156. **Dé la forma adecuada del presente de indicativo de los verbos entre paréntesis.**

1. Está claro que el precio del petróleo no (bajar) _____
2. Conste que este pescado (ser) _____ fresco.
3. Menos mal que (yo-tener) _____ buena salud.
4. Parece que el tiempo (ir) _____ a cambiar.
5. Es verdad que (yo-fumar) _____ demasiado.
6. Es evidente que la ciencia de moda (ser) _____ la informática.

157 Conteste a las siguientes preguntas.

1. ¿Qué edad tiene usted? _____
2. ¿Cuánto mide usted? _____
3. ¿A qué distancia vive usted de la Universidad? _____
4. ¿Cuántos metros de ancho tiene su calle? _____
5. ¿Cuántos años tiene su abuela? _____
6. ¿Qué altura tiene la torre Eiffel? _____
7. ¿Cuántos metros de largo tiene su habitación? _____
8. ¿Cuántos kilómetros de longitud tiene el río Nilo? _____
9. ¿Cuánto mide este trozo de tela? _____
10. ¿A qué distancia está el aeropuerto? _____

158 Complete las siguientes frases utilizando el posesivo apropiado, según el modelo.

MODELO: Ésta es *mi* casa. ➤ Esta casa es *mía*.

1. Aquéllos son *tus* zapatos. ➤ Aquellos zapatos son _____
2. Éste es *su* gato. ➤ Ese gato es _____
3. Éste es *mi* abrigo. ➤ Este abrigo es _____
4. Ése es *tu* peine. ➤ Ese peine es _____
5. Éste es *vuestro* portal. ➤ Este portal es _____
6. Aquélla es su blusa. ➤ Aquella blusa es _____
7. Ésta es *nuestra* finca. ➤ Esta finca es _____
8. Ésas son *sus* medias. ➤ Esas medias son _____
9. Éstos son *vuestros* apuntes. ➤ Esos apuntes son _____
10. Aquélla es tu maleta. ➤ Aquella maleta es _____

159 Preposiciones *a* y *sin*. Elija la adecuada.

1. Llegaremos _____ Bilbao _____ medianoche.
2. Duerme _____ pijama.
3. Me ayudó _____ arreglar la cerradura.
4. Todos comimos _____ ganas.
5. Estamos decididos _____ quedarnos.
6. Es un hombre _____ futuro.

160. Diga el nombre de los que (las que) se dedican a las siguientes actividades.

medicina _____

leyes (derecho) _____

enseñanza _____

física _____

química _____

ingeniería _____

política _____

diplomacia _____

arte _____

cine _____

APUNTES DE CLASE

Unidad veintiséis

161. Dé la persona y tiempo adecuados del indicativo.

1. Voy al teatro cuando (yo-tener) _____ tiempo.
2. Se constipa cada vez que (él-salir) _____
3. En cuanto me acuesto me (dormir) _____
4. Tan pronto como llega a casa se (poner) _____ la bata.
5. En cuanto come (él-echarse) _____ la siesta.
6. Cada vez que me ve, el perro (empezar) _____ a ladrar.

162. Dé la persona y tiempo adecuados del indicativo.

1. A veces bebe coñac, aunque no le (sentar) _____ bien.
2. Se va a casar con él, aunque no le (querer) _____
3. No quiero creerlo, aunque sé que (ser) _____ verdad.
4. Están muy delgadas, aunque (ellas-comer) _____ mucho.
5. No me acuerdo de su nombre, y eso que (yo-hablar) _____ con él todos los días.

163. Dé la persona y tiempo adecuados del indicativo.

1. Baja la persiana porque (entrar) _____ mucho sol.
2. Como hoy es domingo (yo-ir) _____ a los toros.
3. No entendemos de ese tema, así que no (nosotros-opinar) _____
4. Ha vivido en Francia siete años, por eso (él-hablar) _____ francés perfectamente.
5. No quiero jugar al ajedrez contigo porque siempre me (tú-ganar) _____
6. Me convence tu argumento, así que no (yo-insistir) _____

164. Conteste a las siguientes preguntas, repitiendo el verbo en 1.ª persona.

1. ¿A qué hora se levanta usted? _____
2. ¿A qué hora desayuna usted? _____
3. ¿A qué hora entra usted a trabajar? _____
4. ¿A qué hora sale usted de trabajar? _____
5. ¿A qué hora come usted? _____
6. ¿A qué hora cena usted? _____
7. ¿A qué hora ve usted la televisión? _____
8. ¿A qué hora se acuesta usted? _____
9. ¿A qué hora toma usted el aperitivo? _____

165. Rellene los puntos con el verbo específico que necesite el contexto.

1. El reloj _____ atrasado.
2. Hoy _____ mucho calor.
3. Ayer (él) _____ 28 años.
4. Tenemos que _____ de viaje al extranjero.
5. Hilda _____ mucha prisa.
6. Haga usted el favor de _____ cuerda al reloj.

166. Diga los sustantivos abstractos correspondientes a los siguientes adjetivos.

bueno	amigo
rico	malo
oscuro	alto
joven	alegre

APUNTES DE CLASE

Unidad veintisiete

167. Dé la persona y tiempo apropiados del indicativo.

1. Los que (llegar) _____ tarde no pueden entrar.
2. Conozco un chico que (cantar) _____ flamenco muy bien.
3. Lo que usted (proponer) _____ es una tontería.
4. María es la que (conocer) _____ la solución.
5. El que (compra) _____ barato, compra mal.
6. Quien mucho (correr) _____ pronto se cansa.

168. Dé la persona y tiempo adecuados del indicativo.

1. Si (yo-tener) _____ tiempo, iré.
2. Si (usted-coger) _____ el metro, llegará en seguida.
3. Si (tú-leer) _____ este artículo, te enterarás muy bien.
4. Si (usted-aparcar) _____ bien, no les pondrán una multa.
5. Os daré la respuesta, si (vosotros-esperar) _____ un minuto más.
6. Él ganará el concurso, si se lo (tomar) _____ más en serio.

169. Dé la persona y tiempo adecuados del indicativo.

1. ¿Te acuerdas de que hoy (ser) _____ nuestro aniversario de boda?
2. Menos mal que (funcionar) _____ el ascensor.
3. Cada vez que (ella-comer) _____ marisco, tiene alergia.
4. No me gusta ese cantante, aunque (yo-reconocer) _____ que canta bien.
5. Valencia exporta naranjas porque las (producir) _____ en gran cantidad.
6. Nunca hace lo que le (ellos- mandar) _____
7. Si (vosotros-perder) _____ la paciencia, fracasaréis.

170. Lea las siguientes frases.

1. Oviedo está a 420 kilómetros de Madrid.
2. Un kilómetro tiene 1.000 metros.
3. Esto pesa 1 kilo, 800 gramos.
4. Hemos comprado 15 litros de aceite.
5. ¿Quiere usted darme 1/2 kilo de mantequilla?
6. Sólo quiero 1/4 de kilo de carne.
7. Valencia tiene más de 1.000.000 de habitantes.
8. He engordado 2,5 kilos este mes.
9. La novela tiene 353 páginas.
10. Han vendido 7.500 ejemplares de ese libro.

171. Diga los sustantivos de significado contrario a los siguientes.

verdad	juventud
techo	salida
final	luz
líquido	amigo
nativo	odio

172. Use las palabras *algo* o *nada* en las siguientes frases, según convenga.

1. ¿Te pasa _____ ?
2. No me importa _____
3. Me contó _____ que me sorprendió mucho.
4. Nunca dice _____
5. ¿Quiere usted _____ más?
6. No hay _____ que hacer.
7. Por _____ lo habrá hecho.
8. Es muy buena persona; no se enfada por _____
9. Este aparato no sirve para _____
10. Como dijo Calderón: _____ es verdad ni es mentira.

173. Utilice los siguientes modismos en frases que tengan sentido.

Dar coba a alguien.

No andarse por las ramas.

Estar de buenas (malas).

Estar a régimen.

Estar en estado.

Llevarse bien (o mal) con alguien.

Estar de moda.

APUNTES DE CLASE

Unidad veintiocho

174. Dé el gerundio de los siguientes verbos.

bailar   saltar
beber   temer
recibir   subir

175. Dé el gerundio de los siguientes verbos.

pedir   repetir   morir
venir   decir   dormir
vestir   corregir   sentir

176. Dé el gerundio de los siguientes verbos.

traer   huir   caer
destruir   construir   ir
leer   creer   oír
reír   freír   ver

177. Dé la forma del gerundio de los verbos entre paréntesis.

1. Estoy (ver) _____ la televisión.
2. Ella estaba (dormir) _____ cuando entré.
3. Estuvimos (viajar) _____ por el extranjero.
4. Está (leer) _____ una novela policíaca.
5. Estaba (elegir) _____ los muebles.
6. ¿Por qué estás (medir) _____ la habitación?
7. La madre estaba (besar) _____ al niño.

8. El agua está (hervir) _____
9. Estuvieron (comer) _____ juntos.
10. Estuvisteis (conducir) _____ toda la noche.

178. Escriba el acento sobre las palabras en cursiva que lo necesiten.

1. Ya no quiero *mas*.
2. *Si* no lo veo, no lo creo.
3. Ya he recibido *tu* cheque.
4. Prefiero el *te* al café.
5. No me gusta discutir con *el*.
6. *Si*, señor, tiene usted mucha razón.
7. *Tu* no fuiste a verle, ¿verdad?
8. *Te* aconsejo que *te* cuides.
9. *El* río no llevaba agua.

179. Use las palabras *todo* o *nada* en las siguientes frases, según convenga.

1. Me gusta _____
2. No le divierte _____
3. _____ de lo que dijiste es verdad.
4. ¡Muchas gracias! — ¡De _____ !
5. Creo que ya tengo _____ arreglado.
6. Ante _____ , debemos tener paciencia.
7. Es muy ambicioso; no se conforma con _____
8. Me parece que no está muerto del _____
9. Te estoy muy agradecido por _____

180. Conteste a las siguientes preguntas.

1. ¿Qué animal tiene trompa? _____
2. ¿Cuál es el mamífero marino más grande? _____
3. ¿Qué ave trae a los niños de París, según la tradición? _____
4. ¿Qué ave pone los huevos que comemos? _____
5. ¿Qué pájaro es el más corriente en su país? _____
6. ¿Qué animal salvaje es como un gato grande? _____
7. ¿Qué animal o animales se han utilizado hasta el siglo pasado para tirar de los vehículos? _____
_____

Unidad veintinueve

181. Sustituya la forma de futuro en cursiva por la perífrasis verbal *ir a* + infinitivo, según el modelo.

MODELO: *Saldré a la calle.* → *Voy a salir* a la calle.

1. *Lo celebraremos.* → ~~Vamos a celebrarlo~~
2. *¿Cortarás* tú el pastel en la fiesta? → ~~¿Vas a cortar...~~
3. *Se negarán a asistir.* → ~~Van a negarse a asistir~~
4. *Pintaré* la fachada de blanco. → ~~Voy a pintar la fachada~~
5. *¿Plantarás* lechugas? → ~~¿Vas a plantar lechugas?~~
6. *¿Devolverá* usted el regalo? →

182. Contraste *hay que* ≠ *tener que*. Cambie estas frases según el modelo.

MODELO: Tenemos que comer. → Hay que comer.

1. *Ustedes tienen que* sacar el perro a pasear. → ~~Hay que sacar el perro~~
2. *Vosotras no tenéis* que devolver la invitación. → ~~No hay que...~~
3. *Tienen que* arreglar el frigorífico. →
4. *Tenemos que* invitarlos. →
5. *Tiene que* decidirse rápidamente. →
6. *Tiene que* colocarlo bien. →

183. Utilice las perífrasis *ir a, tener que* o *hay que* según los casos para contestar a las siguientes preguntas.

1. ¿Qué vais a hacer el verano que viene? ~~Voy Vamos a ir a~~
2. ¿Qué necesitas para ir de camping?
3. ¿Comeremos mañana juntos? ~~Vamos a comer~~
4. ¿Es obligatorio que yo vaya? ~~Hay que / tienes que ir~~
5. ¿Tienes que firmar la solicitud? ~~Tengo que / hay que~~
6. ¿Lloverá mañana?

184. Conteste a las siguientes preguntas utilizando una fecha.

1. ¿A cuántos estamos hoy? _____
2. ¿Cuál es la fecha de su nacimiento? _____
3. ¿Cuándo empiezan sus vacaciones de verano? _____
4. ¿Qué día del mes fue ayer? _____
5. ¿Cuándo es su cumpleaños? _____
6. ¿En qué fecha cae la Semana Santa este año? _____
7. ¿En qué fecha se casaron sus padres? _____
8. ¿Cuándo se celebra el día de San Valentín? _____
9. ¿Qué día es su santo? _____
10. ¿Cuál es la fecha del descubrimiento de América? _____

185. Emplee la preposición *a* cuando sea necesario.

1. La cantante dedicó la canción _____ su amigo.
2. Vendimos _____ nuestro caballo Lucero.
3. Está chiflado, quiere _____ su coche más que _____ su familia.
4. Tenía tanta hambre que se comió hasta _____ los huesos.
5. Cogieron _____ la culebra por la cabeza.
6. Compramos _____ las gallinas y los patos.
7. Mandaron _____ cinco pasajeros a primera clase.
8. Ayer en Segovia vi _____ muchos monumentos. .
9. Estudiaron _____ los proyectos con cuidado.
10. Acabo de ver _____ un hombre altísimo.
11. El artículo acompaña _____ (el) nombre.
12. Enseñamos _____ la casa _____ (el) comprador.
13. Recibieron _____ las visitas en la salita.
14. Recibieron _____ las cartas a mediodía.

186. Rellene los puntos con la palabra que exija el contexto.

1. Una _____ de pan.
2. Una _____ de melón.
3. Una _____ de jamón.
4. Una _____ de cerveza.
5. Una _____ de anís.
6. Un _____ de uvas.

Unidad treinta

187 Transforme las siguientes frases, según el modelo.

MODELO:
{
Trabaja (está trabajando) allí desde hace siete años. ➤ *Lleva trabajando* allí siete años.

Trabaja (estaba trabajando) allí desde hacía siete años. ➤ *Llevaba trabajando* allí siete años.
}

1. Te espera desde hace diez minutos. ➤ *(handwritten: lleva esperándote allí 10 minutos)*
2. Estaban construyendo la casa desde hacía dos años. ➤ *(handwritten: llevaban construyendo /2 años)*
3. Está hablando por teléfono desde hace media hora. ➤ *(handwritten: lleva hablando por teléfono media hora)*
4. El niño estaba gritando desde hacía un cuarto de hora. ➤ *(handwritten: El niño llevaba gritando)*
5. El cura predica desde hace media hora. ➤ *(handwritten: El cura lleva predicando media hora)* *(handwritten: priest)*

188 Transforme las siguientes frases, según el modelo.

MODELO:
{
está trabajando
trabaja allí (siete años). ➤ } *Hace* siete años *que* trabaja allí.

estaba trabajando
trabajaba allí (siete años). ➤ } *Hacía* siete años *que* trabajaba allí.
}

1. Te espera (diez minutos). ➤
2. Te esperaba (diez minutos). ➤
3. Están construyendo la casa (dos años). ➤
4. Estaban construyendo la casa (dos años). ➤
5. Estaba hablando por teléfono (media hora). ➤
6. Está hablando por teléfono (media hora). ➤
7. El niño estaba gritando (un cuarto de hora). ➤
8. El niño está gritando (un cuarto de hora). ➤
9. El cura predica (hora y media). ➤
10. El cura predicaba (hora y media). ➤

189. Transforme las siguientes frases, según el modelo.

MODELO:
{
Hace siete años que trabaja (está trabajando) allí. ➔ Trabaja (está trabajando) allí *desde hace* siete años.

Hacía siete años que trabajaba (estaba trabajando) allí. ➔ Trabajaba (estaba trabajando) allí *desde hacía* siete años.
}

1. Hace diez minutos que te espera. ➔
2. Hacía dos años que estaban construyendo la casa. ➔
3. Hace media hora que está hablando por teléfono. ➔
4. Hacía un cuarto de hora que el niño estaba gritando. ➔
5. Hace hora y media que predica el cura. ➔

190. Lea las siguientes operaciones aritméticas.

1. 2+2= 4.
2. 5-3= 2.
3. 4x4= 16.
4. 12:4= 3.
5. 7+7= 14.
6. 9-1= 8.
7. 10x5= 50.
8. 56:8= 7.

191. Use las palabras *bien* o *bueno (buen, -o, -a, -os, -as)* en las siguientes frases, según convenga.

1. Este pescado sabe muy _____
2. Esa obra de teatro era bastante _____
3. El aire de la montaña me sienta _____
4. ¡Qué _____ es Santiago!
5. La lluvia es muy _____ para el campo.
6. Ese artículo está bastante _____ escrito.
7. No estaban _____ de salud.
8. Sus notas no eran _____
9. Ayer hizo muy _____ día.
10. ¡_____ noches a todos!
11. Tu amigo es un _____ chico.

12. Ése sí que es un _____ coche.

13. Esto no está _____ hecho.

14. Le gustaba el _____ vino.

15. Fue una _____ oportunidad.

16. No es _____ trabajar demasiado.

17. Este queso no huele _____

18. ¡Qué _____ sabe esta tortilla!

192. Conteste a las siguientes preguntas.

1. ¿Cómo se llaman los «huesos» del pescado? _____

2. ¿Cómo se llama la parte exterior de una pera? _____

3. ¿Cómo se llama la parte exterior de una nuez? _____

4. ¿Cómo se llama la parte exterior de un huevo? _____

5. ¿Cómo se llama la parte blanda del pan? _____

6. ¿Cómo se llama la parte amarilla del huevo? _____

7. ¿Cómo se llama la parte blanca del huevo? _____

8. ¿Cómo se llama la parte exterior del pan? _____

APUNTES DE CLASE

Unidad treinta y uno

193. Transforme según el modelo.

MODELO: El fuego destruyó la casa. → La casa *fue destruida* por el fuego.

1. Isabel abrió la carta. →
2. Picasso pinto «El Guernica». →
3. Un coche atropelló a un niño. →
4. El ministro de Hacienda presentó el presupuesto. →
5. El Congreso aprobó la ley de divorcio. →
6. La policía capturó a los terroristas. →
7. El claustro en pleno de la Universidad propuso al Rey para «Doctor Honoris Causa». →

194. Transforme según el modelo.

MODELO: Pagaron las facturas. → Las facturas *se pagaron*.

1. Pintaron las paredes. →
2. Recogieron los platos. →
3. Leyeron las cifras. →
4. Resuelven las dificultades. →
5. Regaron las calles. →
6. Examinan los documentos. →
7. Venden coches. →
8. Enviaron las cartas. →

195. Transforme según el modelo.

MODELO: *Dicen* que habrá elecciones pronto. → *Se dice* que habrá elecciones pronto.

1. Protestan por la subida de los precios. →
2. Reconocen que tenemos razón. →
3. Criticaban que se gastara tanto dinero en armamento. →

4. Ahora permiten el juego en España. ➜

5. En esta tienda hablan portugués e italiano. ➜

6. Prohíben cantar y bailar. ➜

7. Todo el mundo hablaba de América Latina. ➜

196. Repita las siguientes frases empleando la partícula *se* y el verbo en la voz activa.

1. El aeroplano fue inventado a principios de siglo.

2. Estas casas fueron construidas el año pasado.

3. Estos cañones habían sido hechos para la guerra del Golfo.

4. El fondo de los mares todavía no ha sido explorado totalmente.

5. Estos coches son revisados con mucho cuidado.

6. Esos trajes ya han sido enviados a la tintorería.

197. Ponga las siguientes frases en la voz activa.

1. El niño fue mordido por un perro.

2. La casa fue destruida por el fuego.

3. Esta mañana, el señor Pérez ha sido nombrado presidente de la empresa por todos los consejeros.

4. Ese torero había sido cogido por el toro varias veces.

5. Éste es un libro muy leído por la gente joven.

6. El ministro fue asesinado por un loco.

7. Este coche será muy bien acogido por el público.

8. Sus palabras eran esperadas con impaciencia por todo el mundo.

198. Utilice la palabra que exija el contexto.

1. Una _____ de sardinas en conserva.

2. Un _____ de melocotón en almíbar.

3. Un _____ de pasta dentífrica.

4. ¡Camarero! tráiganos una _____ de gambas a la plancha y dos cañas.

5. Una _____ de huevos.

6. Una _____ de bombones.

199. Ponga el relativo *que* en las siguientes frases.

1. Devuélveme el dinero _____ te di.
2. El jugador _____ se lesionó es el defensa central.
3. Todos los bolígrafos _____ tengo ahora son rojos.
4. Todas las secretarias _____ trabajan aquí saben inglés.
5. Visitaron el castillo _____ hay en las afueras de la ciudad.
6. Escribieron las cartas _____ estaban atrasadas.

200. Ponga el relativo *quien(es)* en las siguientes frases.

1. Me gusta la chica con _____ hablabas.
2. Éste es el mecánico de _____ te hablé.
3. No me gustan las personas a _____ invitaste.
4. Yo bailo con _____ quiero.
5. Ayudamos a _____ lo necesitan.
6. Hicimos el viaje con _____ conocimos la semana pasada en la fiesta.

201. Ponga el relativo *el (la, los, las) que* en las siguientes frases.

1. _____ _____ tienen miedo son ellas.
2. _____ _____ escuche con atención, aprenderá.
3. _____ _____ cocina bien es José María.
4. _____ _____ tose es tu hermano.
5. _____ _____ protestaban eran los parados.

202. Sustituya *el (la, los, las) que* por *quien(es)* en las siguientes frases.

1. Los que (_____) tienen miedo son ellos.
2. El que (_____) escuche con atención, aprenderá.

3. La que (_____) cocina bien es Clara.

4. El que (_____) tose es tu hermano.

5. Los que (_____) protestaban eran los parados.

203. Ponga el relativo *lo que* en las siguientes frases.

1. No comprendo _____ te pasa.

2. No era experto en _____ hablaban.

3. Esto es _____ necesito.

4. Estoy de acuerdo con _____ dices.

5. _____ pasa allí es incomprensible.

204. Ponga la forma correcta del adjetivo entre paréntesis.

1. ¿No has tenido miedo en (alguno) _____ momento?

2. Se compró un (bueno) _____ televisor.

3. La mayor parte de las procesiones salen el Viernes (Santo) _____

4. No llovió (ninguno) _____ día.

5. Vivía en un (grande) _____ piso.

6. (Cualquiera) _____ día iré a visitarte.

7. (Santo) _____ Tomás es el padre de la Escolástica.

8. (Alguno) _____ vez iré a América.

9. No me dio (ninguno) _____ solución.

10. La isla de (Santo) _____ Domingo está en las Antillas.

11. El patrón de este pueblo es (Santo) _____ Andrés.

205. Forme los derivados de las siguientes palabras según el modelo y haga una frase con cada uno.

MODELO: *Dar un golpe con el puño.* → *Un puñetazo.*

bastón	cabeza
botella	pelota
balón	codo
empujar	mano
cañón	rodilla
vista	bala

Unidad treinta y tres

206. Ponga la preposición *para* en las siguientes frases.

1. Esta máquina es _____ escribir.
2. Salimos _____ Barcelona a las ocho.
3. _____ levantarse temprano hay que acostarse pronto.
4. _____ mañana deben estudiar ustedes esta lección.
5. _____ ir al centro hay que coger dos autobuses.
6. Aquí hay paella suficiente _____ tres personas.
7. _____ ganar dinero tienes que dedicarte a los negocios.
8. Sólo dos palabras más _____ terminar.

207. Ponga la preposición *para* en las siguientes frases.

1. Este ejercicio es _____ el viernes.
2. ¿_____ qué sirve esta palanca?
3. ¿_____ quién es esa botella?
4. Luisa estudia _____ arquitecto.
5. Estas gafas son _____ vista cansada.
6. Abre la ventana _____ que entre el fresco.
7. Estoy siguiendo un tratamiento _____ no fumar.
8. Hemos pedido una mesa _____ cuatro.

208. Ponga la preposición *por* en las siguientes frases.

1. Dicen que murió de amor _____ ella.
2. Cambió su reloj _____ el mío.
3. ¿_____ dónde has venido?
4. Me lo vendió _____ 5.000 pesetas.
5. ¡_____ Dios; no digas tonterías!
6. Lo oí _____ la radio.

7. He pagado más de 30.000 pesetas _____ el cuadro.

8. Cinco _____ cinco son veinticinco.

9. Me enviaron el paquete _____ correo.

10. Tocamos a 20.000 duros _____ persona.

209 Ponga la preposición *por* en las siguientes frases.

1. El contrato fue firmado _____ los interesados.

2. ¿_____ qué protestas tanto?

3. Al mercado se va _____ allí.

4. Tengo que llamar _____ teléfono.

5. Ha viajado _____ toda Europa.

6. Bajó _____ las escaleras.

7. Lo cogió _____ la chaqueta.

8. ¡Pregunte usted _____ el médico de guardia!

210 Ponga la preposición *por* en las siguientes frases.

1. Me gusta pasear _____ las calles.

2. Lo tomaron _____ tonto.

3. Pasó _____ debajo del puente.

4. Saltó _____ encima de la tapia.

5. No lo hagas _____ mí.

6. He perdido esta oportunidad _____ tu culpa.

7. Necesitas otro par de zapatos _____ lo menos.

8. _____ lo general llueve poco en esta región.

211 Utilice el verbo específico que necesite el contexto.

1. Antes de empezar, tiene usted que _____ me una idea de lo que tengo que hacer.

2. No creemos que él _____ razón.

3. Después de cenar, ellos siempre _____ una vuelta.

4. Tengo que _____ las entradas para el partido.

5. A él no le gusta _____ riesgos innecesarios.

6. ¡Un momento! Quiero _____ una pregunta a ese señor.

7. El ejercicio le _____ muy bien.

8. Me apetece _____ un trago.

9. Está contento porque ha _____ el examen.

212 Explique el significado de las siguientes frases con el verbo *poner*.

1. Si esperas un momento, te ayudo a poner la mesa.
2. Aunque no te guste, tienes que ponerle buena cara.
3. ¡Oiga! ¿Qué pone ahí? ¡No puedo entenderlo!
4. En esta casa siempre está puesta la televisión. ¡Ya está bien!
5. ¡Ponga usted mucho cuidado en lo que hace!
6. Esta mañana no conseguí poner en marcha el coche.
7. Tengo que poner en hora el reloj.
8. Habrá que poner las cartas sobre la mesa.
9. Yo pongo mil pesetas, y ¿usted?

APUNTES DE CLASE

Segundo ciclo

Unidad treinta y cuatro

213. Dé la forma adecuada del presente de los verbos *ser* o *estar*, según convenga.

1. Lo que dice Antonio _____ verdad.
2. Trabajar siempre _____ importante.
3. No me interrumpas; _____ ocupado.
4. ¿_____ que no me entiende usted?
5. (Yo) _____ seguro de eso.
6. ¿Quién _____ al teléfono?
7. Aquí _____ donde tuve el accidente.
8. (Ella) _____ en la cola del autobús.
9. Su padre _____ un buenazo.
10. Los Bancos sólo _____ abiertos por la mañana.
11. El mecánico arregló el aparato ayer. El aparato ya _____ arreglado.

214. Dé la forma adecuada del pretérito imperfecto de los verbos *ser* o *estar*, según convenga.

1. La niña _____ jugando.
2. Los coches _____ en el garaje.
3. (Nosotros) _____ cinco.
4. _____ necesario trabajar más.
5. La obra de teatro _____ muy mala.
6. Los exámenes _____ muy bien.
7. Pío Baroja _____ novelista.
8. Vosotros _____ muy cerca.
9. La comida _____ en el restaurante Valentín.
10. _____ las siete en punto.
11. Ya habíamos lavado los cacharros. Los cacharros _____ lavados.
12. El profesor había explicado esta lección. La lección _____ explicada.

215. Dé la forma adecuada del pretérito indefinido de los verbos *ser* o *estar*, según convenga.

1. Tus amigos _____ dos días en casa.
2. Sus abuelos _____ muy felices en su matrimonio.
3. De joven, (él) _____ capitán de barco.
4. Ayer (nosotros) _____ viendo el combate de boxeo.
5. _____ imposible llegar allí.
6. El mes pasado, (vosotros) _____ de vacaciones.
7. El accidente _____ horrible.
8. Los premios _____ para ellos.
9. (Tú) _____ sentado más de dos horas.
10. No vayas al partido. Ya (tú ser) _____ gafe una vez.

216. Ponga el artículo determinado, masculino o femenino, delante de las siguientes palabras, y añada la terminación correcta al adjetivo.

águila alpin _____   hacha nuev _____
agua salad _____   harina blanc _____
amante cariños _____   alma inmorta _____
hada madrin _____   ancla oxidad _____
habla popul _____   aula pequeñ _____

217. Sustituya las palabras en cursiva por los pronombres *le(s)* o *la(s)* efectuando los cambios de posición necesarios.

1. Esperamos *a esas señoras* hasta las siete de la tarde.
2. Puse un telegrama *a mi mujer* esta mañana.
3. Voy a llevar *a tu hermana* al teatro esta noche.
4. He dicho *a esa señorita* que tiene el pasaporte caducado.
5. Esta mañana cortamos el pelo *a la niña*.
6. Compré *una nevera nueva* para nuestra casa de campo.
7. El cartero entregó las cartas *a los vecinos*.
8. Explicó el problema *a las alumnas*.
9. Arregló *la luz de la cocina* en dos minutos.
10. Este mes no he pagado *a la casera*.

218. Escriba el acento en las palabras en cursiva que lo necesiten.

1. *Aun* no ha llegado el profesor.
2. ¿Sabe usted *quien* es ese señor?
3. *Solo* faltan cinco días para las vacaciones.
4. Me acuerdo mucho *de ti*.
5. Esto que ha hecho usted no *se* hace.
6. Se encontraba muy *solo*.
7. Quiero que me lo *de*.
8. *Aun* así no me interesa.
9. Todavía no lo *se*.
10. *Quien* lo sepa, que levante la mano.

219. Diga el nombre de los que se dedican a las siguientes actividades.

escultura _____

pintura _____

arquitectura _____

decoración _____

música _____

dibujo _____

piano _____

poesía _____

literatura _____

programación _____

APUNTES DE CLASE

220 **Ponga una forma adecuada de los verbos *ser* o *estar*, según convenga.**

1. Esto _____ muy importante para mí.
2. Siempre (él) _____ cansado.
3. Juan _____ constipado.
4. Tu amigo _____ un listo.
5. El taxi _____ libre cuando lo llamé.
6. Esta noticia _____ increíble.
7. Esta mañana, el autobús _____ lleno.
8. Este reloj _____ siempre parado.
9. _____ necesario leer más.
10. Ya (nosotros) _____ hartos de oír tonterías.
11. Repasamos la cuenta por la noche. La cuenta ya _____ repasada por la noche.
12. _____ de agradecer que me ayudes.
13. _____ de esperar que me ayudaras.
14. _____ visto que hoy no _____ mi día.
15. No sé qué les pasa; _____ asustadas.

221 **Ponga una forma adecuada de los verbos *ser* o *estar*, según convenga.**

1. Ahora ya _____ tarde para ir al teatro.
2. El ascensor no funciona; _____ estropeado.
3. No me sale nada bien; _____ de malas estos días.
4. Cuando llegó, (yo) todavía _____ en pijama.
5. Tu primo _____ un español típico.
6. En el siglo pasado _____ corrientes los duelos.
7. Me ha tocado la lotería: _____ de suerte.
8. La música de los sesenta _____ de moda.
9. _____ visto que tú nunca cambiarás; siempre _____ el mismo.
10. La biblioteca _____ cerrada por las tardes.
11. Mara Belén escribió el artículo. El artículo _____ escrito.
12. Alguien cerró las puertas. Las puertas _____ cerradas.

222 *Ser* o *estar*. Dé una forma y tiempo adecuados de uno u otro verbo.

1. Ese niño _____ muy *listo*.
2. Todavía (yo) no _____ *listo* para salir.
3. El concierto de ayer _____ *aburrido*.
4. ¿Qué te pasa? (yo) _____ muy *aburrida*.
5. Irlanda _____ un país *calólico*.
6. El anciano dijo que no _____ muy *calólico*. Le dolía un poco la cabeza.
7. La conferencia del otro día _____ muy *pesada*.
8. He comido mucho hoy; _____ muy *pesado*.
9. Fumar _____ *malo*.
10. Ayer no pude ir a clase porque _____ *malo*.
11. Juan _____ *despistado*.
12. No tengo ni idea del camino, (yo) _____ *despistada*.
13. Miguel Ángel _____ *agradecido*.
14. Isabel te _____ muy *agradecida*.
15. Inés _____ *animada*.
16. (Yo) no _____ *animado* para ir al cine.

223 Dé la forma adecuada del artículo determinado, en los casos en que sea necesario.

1. ¿Sabe usted _____ inglés?
2. _____ griegos fueron _____ padres de _____ civilización occidental.
3. _____ año que viene estaré con vosotros.
4. He comido _____ carne al mediodía.
5. No me gusta _____ cena de hoy.
6. Todas _____ enfermedades son malas.
7. _____ contaminación es perjudicial para _____ salud.
8. Me duele _____ estómago.
9. Se metió _____ mano en _____ bolsillo.

224 Ponga la preposición adecuada en las siguientes frases.

1. Nos reunimos todos _____ la hora _____ comer.
2. ¡Niños; _____ la cama!
3. «_____ abril, aguas mil».
4. La uva se recoge _____ últimos de septiembre.
5. Estamos _____ vacaciones.
6. _____ Madrid _____ Sevilla hay 500 kilómetros.

225. Diga los verbos de significación contraria a los siguientes.

poner _____   subir _____

amar _____   saber _____

llorar _____   dar _____

abrir _____   comprar _____

vestirse _____   arreglar _____

APUNTES DE CLASE

Unidad treinta y seis

226. Ponga una forma adecuada de los verbos *ser* o *estar*, según convenga.

1. Los mejores atletas suelen _____ *negros*.
2. (Yo) _____ *negro* porque tengo mucho que hacer.
3. ¡Qué *atento* _____ ese señor! Da gusto tratar con él.
4. Siempre (nosotros) _____ muy *atentos* en la clase.
5. El coche que compré ya no _____ *nuevo*, pero _____ casi *nuevo*.
6. Manolo no _____ una persona *decente*.
7. Lo siento, pero no _____ *decente* para recibirle ahora.
8. (Yo) _____ *molesto* con tu hermano.
9. La vida en las grandes ciudades _____ muy *molesta*.
10. Me gusta esa chica, pero tiene un defecto; _____ *demasiado* interesada.
11. Gabriel _____ muy *interesado* en la política.
12. Como es muy tímido, siempre _____ *violento* delante de las chicas.
13. Los pacifistas no deben _____ *violentos* por definición.
14. Marga _____ encantadora.
15. Nosotros _____ encantados con Miguel.

227. Verbos *ser* y *estar*. Teniendo en cuenta que los dos verbos son posibles en la mayoría de las siguientes frases, elija la forma de presente de uno u otro verbo que parece requerir el contexto.

1. La hierba _____ verde.
   En primavera, los campos _____ verdes.
2. El café _____ amargo.
   Este café _____ amargo.
3. El agua del mar _____ salada.
   Esta sopa _____ muy salada.
4. Los pasteles _____ dulces.
   Estos pasteles _____ dulces.
5. La escalera de mi casa _____ muy oscura.
   Hoy, como se fue la luz, _____ muy oscura.

6. Rosa _____ muy alegre.

   Hoy, _____ muy alegre porque llega su novio.

7. El clima en el norte de España _____ húmedo.

   Hoy _____ muy húmedo el ambiente.

8. La paella _____ un plato muy rico.

   Hoy _____ mejor que nunca.

9. Los españoles del sur _____ morenos.

   (Nosotros) _____ morenos porque venimos de la playa.

10. En general, los boxeadores _____ fuertes.

    (Yo) _____ muy fuerte este verano.

228. Usos del artículo. Dé la forma adecuada del artículo determinado, en los casos en que sea necesario.

1. ¡Quítate _____ chaqueta!
2. No te olvides de darle _____ gracias.
3. _____ cáncer es una enfermedad terrible.
4. _____ gente dice muchas tonterías.
5. El público tiene _____ derecho a protestar.
6. No me gusta jugar a _____ cartas.
7. Siempre llega a _____ última hora.
8. Está usted perdiendo _____ tiempo.
9. Podemos hablar a _____ hora de comer.
10. No tenemos _____ tiempo para discutir.
11. A Carmen le encantan _____ aceitunas.

229. Conteste a las siguientes preguntas, afirmativa o negativamente, repitiendo el verbo e incluyendo el pronombre *lo*.

MODELO: ¿Está usted satisfecho? ➤ Sí, *lo* estoy.

1. ¿Eran protestantes? ➤
2. ¿Estás cansado? ➤
3. ¿Es usted feliz? ➤
4. ¿Estaban de buen humor? ➤
5. ¿Son ustedes ricos? ➤
6. ¿Estaba ella nerviosa? ➤
7. ¿Ha sido usted soldado alguna vez? ➤
8. ¿Está usted soltera? ➤

9. ¿Fuisteis campeones de natación? ➡
10. ¿Estás hecha polvo? ➡
11. ¿Parecen asustados? ➡
12. ¿Es Pepita una fresca? ➡
13. ¿Parecían casados? ➡
14. ¿Estaban enamorados? ➡

230. Use las palabras *cada, todo, -a, -os, -as* en las siguientes frases, según convenga.

1. _____ vez que viene me trae un regalo.
2. Conoce a _____ el mundo en la Facultad.
3. _____ día que pasa estoy más harto.
4. ¿A cuánto tocamos _____ uno?
5. _____ nosotros hemos estado en París.
6. _____ la calle estaba en obras.
7. Lo saben _____ los que están aquí.
8. _____ uno tiene sus propios problemas.
9. Estaba durmiendo a _____ horas.
10. Me gustó _____ lo que vi.
11. _____ los días me dice lo mismo.
12. He comprado un helado para _____ uno de nosotros.
13. Ese amigo tuyo sabe de _____
14. Se enfada por _____
15. Tiene muy buen carácter; se lleva bien con _____

231. Diga el nombre de los que se dedican a los siguientes oficios.

1. La que hace la comida en restaurantes. _____
2. El que arregla coches. _____
3. El que arregla la instalación eléctrica. _____
4. El que apaga el fuego. _____
5. El que limpia las calles. _____
6. La que nos sirve en bares y restaurantes. _____
7. El que arregla la instalación del agua. _____
8. La que trabaja por horas en las casas. _____
9. El que trabaja en la construcción. _____
10. El que hace trajes para hombres. _____

11. La que hace vestidos. _____

12. El que trabaja en la agricultura. _____

13. La que trabaja en fábricas. _____

14. La que recauda el dinero. _____

APUNTES DE CLASE

Unidad treinta y siete

232. Ponga los siguientes imperativos en forma negativa.

1. Traédmelo. _No me lo traigáis_
2. Decídselo. _No se lo digáis_
3. Escríbanselo. _No se lo escriban_
4. Cómpramelo. _No me lo compres_
5. Vendédselo. _No se lo vendáis_
6. Mándasela. _No se la mandes_
7. Enviádnoslo. _No nos lo enviéis_
8. Pruébatelo. _No te lo pruebes_
9. Ponéoslo. _No os lo pongáis_
10. Dénnoslo. _No nos lo den_

233. Ponga los siguientes imperativos en forma afirmativa.

1. No se lo digas. _Díselo_
2. No te lo quites. _Quítatelo_
3. No os lo pongáis. _Poneoslo_
4. No se lo limpiéis. _Limpiádselo_
5. No se lo haga. _Hágaselo_
6. No nos lo regales. _Regálanoslo_
7. No se lo entreguéis. _Entregádselo_
8. No os lo quitéis. _Quitaoslo_
9. No me lo laves. _Lávamelo_
10. No se lo den. _Denselo_

234. Ponga en forma negativa las siguientes formas verbales.

destruidlos _No los destruyáis_   confiésalo _No se lo confieses_
dáselos _No se los des_   cógelo _No lo cojas_

callaros _No os calleis_   cerradlas _No las cerreis_

pídanlo _No lo pidan_   ríete _No te rias_

vengarse - to
revenge oneself   vénguense _No se venguen_   ciérrelo _No lo cierre (ud.)_

repetidlo _No lo repitais_   póngaselas _No se las ponga (ud.)_

dímelo _No me lo digais_   esperadme _No me esperéis_

váyanse _No se vayan_   véalo _No lo veas_

vendedlo _No lo vendais_   escríbelo _No lo escribas_

termínalos _No los terminen_   cocínalo _No lo cocines_

235 Elija el artículo que pida el sentido de la frase.

1. (El-La) cólera es una enfermedad endémica.

2. María tiene un lunar en (el-la) frente.

3. Había (un-una) cura en la estación.

4. Londres es (el-la) capital de Inglaterra.

5. (El-La) cólera es un pecado capital.

6. Hubo muchas bajas en (el- la) frente.

7. Le hicieron (un-una) cura de urgencia.

8. Esta compañía tiene (un-una) capital de 200 millones de pesetas.

236 Conteste a las siguientes preguntas en forma abreviada, siguiendo el modelo.

MODELO: _¿Está enferma tu suegra?_ ⟶ _Sí (no), lo está._

1. ¿Es usted católico? ⟶

2. ¿Sabe Carmen que estás aquí? ⟶

3. ¿Necesitas ver a un médico? ⟶

4. ¿Eran aquellos señores parientes tuyos? ⟶

5. ¿Has oído que mañana es fiesta? ⟶

6. ¿Ves cómo no tenía razón? ⟶

7. ¿Estás cansado? ⟶

8. ¿Comprendes ahora por qué gritaba tanto? ⟶

9. ¿Crees posible la destrucción del mundo? ⟶

10. ¿Eran las chicas belgas? ⟶

11. ¿Saben ustedes eso? ⟶

12. ¿Comiste lo que te dejé en la nevera? ⟶

237 Diga el nombre de los habitantes de las siguientes ciudades, regiones y nacionalidades.

Madrid	Guatemala	París
Londres	Berlín	Venezuela
Perú	Roma	Cataluña
Galicia	Asturias	Chile
Andalucía	México	País Vasco
Valencia	Extremadura	Brasil

======= **APUNTES DE CLASE** =======

Unidad treinta y ocho

238. Conteste a las siguientes preguntas, utilizando el pretérito indefinido.

1. ¿Qué hiciste las Navidades pasadas? _____
2. ¿Dónde compró (ella) el reloj? _____
3. ¿Cuándo salieron para Mallorca? _____
4. ¿Oíste algo? _____
5. ¿Cómo pudo él entrar? _____
6. ¿Con quién fueron al canódromo? _____

239. Dé la forma adecuada del pretérito indefinido en las siguientes oraciones.

1. *Siempre* leía un poco en la cama; *ayer* (ella-dormirse) _____ en seguida.
2. *Todos los veranos* recibíamos postales; *aquel verano* no (nosotros-recibir) _____ ninguna.
3. *Siempre* hablaban de política; *ese día* (ellos-hablar) _____ de deportes.
4. *Todas las semanas* íbamos al museo; *aquella semana* (nosotros-quedarse) _____ en casa.
5. *Los sábados* dormíamos la siesta; *ese sábado* no la (nosotros-dormir) _____
6. *Todos los días* hacía la cama; *ayer* no la (yo-hacer) _____

240. Dé la forma adecuada del pretérito imperfecto o del pretérito indefinido en las siguientes frases.

1. *Siempre* (ella-llevar) _____ a los niños al colegio; *ayer* no los llevó.
2. Nos (nosotros-ver) _____ *siempre* en el club; *ese día* nos vimos en el café.
3. (Yo) iba *todos los días* al gimnasio; *ayer* no (ir) _____
4. *Todas las tardes* las señoras (tomar) _____ el té; *esa tarde* no lo tomaron.
5. *Siempre* pasábamos las vacaciones en la montaña; *el año pasado* (nosotros-ir) _____ a la playa.
6. *Todas las mañanas* desayunaba en casa; *aquella mañana* (él-desayunar) _____ en el bar de la Universidad.

241. **Lea la forma correcta del ordinal correspondiente a los números dados entre paréntesis.**

1. Tú fuiste el (1) hombre en mi vida.
2. Ella fue la (3) que habló.
3. Vosotros vivís en el (3) piso de la casa.
4. Para mí, ustedes son los (1).
5. ¿Has escuchado alguna vez la (3) sinfonía de Beethoven?
6. Las (1) veces que le vi, no me gustó.
7. Éste es el (3) autobús que pierdo.
8. Después del (1) güisqui ya estaba un poco mareado.

242. **Sustituya los siguientes adverbios en *-mente* por expresiones que les sean sinónimas.**

MODELO: *generalmente* ⟶ *por lo general*

repentinamente	comúnmente
rápidamente	secretamente
fácilmente	difícilmente
silenciosamente	eficazmente
sencillamente	tranquilamente

243. **Observe la frase modelo y rellene los espacios en blanco con una forma adecuada del demostrativo.**

MODELO: *Este coche es nuevo, pero **ésos** son viejos.*

1. Este paquete pesa mucho, pero _____ pesan poco.
2. Esos bolígrafos escriben mal, pero _____ escribe bien.
3. Este cuadro es muy pequeño, pero _____ son enormes.
4. Estas faldas son cortas, pero _____ es larga.
5. Ese alumno sabe mucho, pero _____ no saben nada.
6. Esa ventana está abierta, pero _____ están cerradas.
7. Esa luz estaba apagada ayer, pero _____ estaban encendidas.
8. Aquella película era muy aburrida, pero _____ es muy entretenida.
9. Esta naranja es dulce pero _____ son agrias.
10. Esas niñas estaban tristes, pero _____ estaban contentas.

244 Use las siguientes exclamaciones en frases que tengan sentido.

¡ay!	¡zas!	¡ah!
¡bah!	¡hala!	¡vamos!
¡olé!	¡oye (oiga)!	¡anda!
¡huy!	¡vaya!	¡viva!
¡jo!	¡toma!	¡dale!

APUNTES DE CLASE

245 Contraste entre imperfecto (valor habitual) ≠ indefinido (limitación en el tiempo). Observe la diferencia de matiz en los siguientes pares de frases.

1. En Madrid *se iba* mucho a los toros.
   En Madrid *se fue* mucho a los toros.
2. En la guerra *pasábamos* mucha hambre.
   En la guerra *pasamos* mucha hambre.
3. Aquel verano *se bebía* mucha cerveza.
   Aquel verano *se bebió* mucha cerveza.
4. *Jugábamos* al fútbol todos los domingos del año.
   Jugamos al fútbol todos los domingos de aquel año.
5. Todas las tardes *daban* un concierto en la plaza.
   Todas las tardes *dieron* un concierto en esa plaza.

246 Contraste imperfecto ≠ indefinido. Haga pares de frases similares a las del ejercicio anterior con los siguientes verbos.

1. Llegar: a) _____
            b) _____

2. Escribir: a) _____
            b) _____

3. Jugar: a) _____
            b) _____

4. Cocinar: a) _____
            b) _____

5. Pasear: a) _____
            b) _____

247 Contraste entre imperfecto (acción en desarrollo) ≠ indefinido (limitación en el tiempo). Observe la diferencia de matiz en los siguientes pares de frases.

1. Manolete *moría* en la plaza de Linares el 28 de agosto de 1947, a las seis de la tarde.
   Manolete *murió* en la plaza de Linares el 28 de agosto de 1947, a las seis de la tarde.
2. El robo del banco *tenía* lugar a las tres en punto de la madrugada.
   El robo *tuvo* lugar a las tres en punto de la madrugada.
3. Camilo J. Cela *ganaba* el Premio Nobel de Literatura el 19 de octubre de 1989.
   Camilo J. Cela *ganó* el Premio Nobel de Literatura el 19 de octubre de 1989.
4. El desfile de coches antiguos *era* en El Retiro a las once de la mañana.
   El desfile *fue* en El Retiro a las once de la mañana.

248 Contraste imperfecto ≠ indefinido. Haga pares de frases similares a las del ejercicio anterior con los siguientes verbos.

1. Descubrir: a) _____
                 b) _____

2. Pintar: a) _____
                 b) _____

3. Aterrizar: a) _____
                 b) _____

4. Inaugurarse: a) _____
                 b) _____

5. Publicarse: a) _____
                 b) _____

249 Dé la forma adecuada del artículo determinado, en los casos en que sea necesario.

1. Les gusta _____ pan.
2. Esta mañana fui a _____ iglesia.
3. ¡Ponte _____ sombrero antes de salir!
4. Lo metieron en _____ cárcel.
5. Voy a _____ clase todos _____ días.
6. Vendré a verte _____ martes.

7. Estudio _____ filosofía.
8. Nació _____ 5 de febrero.
9. Bebe _____ vino con _____ comidas.
10. _____ bable es una lengua interesante.
11. Te encantan _____ ostras.

250. Diga los verbos de significación contraria a los siguientes.

sentarse _____	vivir _____
meter _____	calentar _____
venir _____	hablar _____
encender _____	limpiar _____
entrar _____	acertar _____

APUNTES DE CLASE

251. Ponga la forma adecuada del indefinido o del imperfecto, según convenga. (Acción puntual ≠ acción en proceso).

1. Cuando (nosotros-casarse) _____ , no teníamos casa propia.
2. Cuando oí la noticia, (nosotros-tomar) _____ café.
3. Cuando (yo-llegar) _____ a Madrid, tenía doce años.
4. Cuando se sintió el terremoto, (yo-estar) _____ en el cuarto de baño.
5. Cuando la (yo-conocer) _____ , vivíamos en Londres.
6. Cuando lo (nosotros-saber) _____ , ya era tarde.

252. Ponga la forma apropiada del imperfecto de indicativo. (Acción en proceso + acción en proceso).

1. Mientras desayunaba, (él-leer) _____ el periódico.
2. Mientras (ellas-viajar) _____ en tren, contemplaban el paisaje.
3. Mientras (yo-pasear) _____ , pensaba en ella.
4. Mientras (él-tomar) _____ su cerveza, observaba el ambiente del bar.
5. Mientras dictaba el texto, el profesor (pasearse) _____ por la clase.
6. Mientras (nosotros-beber) _____ el vermú, charlábamos.
7. Mientras iba en autobús, Inés (repasar) _____ los apuntes.
8. Mientras (yo-estudiar) _____ oía música.

253. Contraste entre imperfecto (acción en proceso) ≠ indefinido (acción puntual). Ponga la forma adecuada del indefinido.

1. Mientras desayunaba, (sonar) _____ el teléfono.
2. Mientras viajaban en tren, (robar a ellos) _____ el equipaje.
3. Mientras paseaba, (suceder) _____ el incidente.
4. Mientras tomaba su cerveza, (él darse cuenta de) _____ la situación.
5. Mientras dictaba el texto el profesor, alguien (abrir) _____ la puerta.

254. Contraste imperfecto ≠ indefinido. Observe la diferencia de matiz entre el imperfecto y el indefinido en los siguientes pares de frases.

Conocimos a Margarita en una discoteca.
Ya *conocíamos* a Margarita entonces.

Ayer *supe* que tu hermano Pedro es un actor excelente.
Sabía que tu hermano Pedro era un actor excelente.

Supieron lo ocurrido nada más oír las noticias.
Sabían lo ocurrido porque habían estado allí.

Nos *conocieron* en un viaje de avión Madrid-Londres.
Nos *conocían* por unos amigos comunes.

Quisieron felicitarle, pero el teléfono estaba estropeado.
No *querían* felicitarle, porque le tenían antipatía.

255. Contraste imperfecto ≠ indefinido. Haga frases similares a las del ejercicio anterior con los siguientes verbos.

1. Conocer: a) _____
              b) _____

2. Saber: a) _____
              b) _____

3. Querer: a) _____
   No querer: b) _____

256. Ponga la forma adecuada del imperfecto o del indefinido, según los casos.

1. Siempre que (nosotros-verle) _____ , nos decía que (él-querer) _____ acompañarnos.
2. Cada vez que cantaba, le (ellos-tirar) _____ tomates.
3. Aquella tarde (nosotros-aburrirnos) _____ como ostras.
4. (Yo-descubrir) _____ esa cafetería por primera vez hace dos semanas.
5. (Ser) _____ las seis de la tarde.

6. Esta mañana (yo-perder) _____ el autobús.

7. El funeral (ser) _____ a las seis de la tarde.

257. Coloque el adjetivo adecuado de la columna de la derecha.

1. Acarició su piel _____

2. El colchón de su cama es muy _____

3. Solía llevar el pelo _____

4. La lija es _____

5. Esa almendra es _____

6. Los limones son _____

| suave |
| liso |
| áspero |
| amargo |
| ácido |
| blando |

APUNTES DE CLASE

Unidad cuarenta y uno

258. Presente habitual. Sustituya la forma del presente por la forma equivalente del verbo *soler*.

MODELO: *Leo* una revista todas las semanas. → *Solemos* leer una revista...

1. *Jugamos* al baloncesto. →
2. Se *cortan* el pelo una vez al mes. →
3. *Sacáis* la basura todas las mañanas. →
4. *Haces* la compra los sábados. →
5. *Como* dos veces al día. →
6. Irene *viaja* los fines de semana. →

259. Presente con valor de futuro. Dé la forma adecuada del presente de indicativo en las siguientes frases.

1. (Nosotros-verse) _____ pasado mañana por la tarde.
2. (Yo-casarse) _____ dentro de cinco días.
3. (Ellas-volver) _____ la semana que viene.
4. Cuando llegue, se lo (yo-decir) _____
5. Aunque insista, no le (yo-decir) _____ tu secreto.
6. Cada vez que pregunte por ti, te (yo-avisar) _____

260. Contraste presente simple (acción habitual) ≠ presente continuo (acción no habitual). Ponga el verbo entre paréntesis en la forma continua (progresiva) del presente de indicativo.

1. Mi padre es profesor, pero ahora (trabajar) _____ en una fábrica.
2. Feliciano es dramaturgo, aunque ahora (escribir) _____ una novela.
3. Se cuida mucho, aunque últimamente (él-engordar) _____
4. Normalmente no me canso, pero estos últimos días (yo-cansarme) _____ demasiado.

261 Contraste presente ≠ imperfecto. Dé la forma apropiada del imperfecto en las siguientes frases.

1. En aquella época (ella-estar) _____ soltera; ahora está divorciada.
2. Ahora hablas francés bien; antes no lo (tú-hablar) _____
3. Hace diez años mucha gente (llevar) _____ corbata; hoy poca gente la lleva.
4. Entonces (nosotros-ser) _____ jóvenes; hoy somos viejos.
5. Hoy tenemos democracia; antes (tener) _____ dictadura.
6. Hace una hora (llover) _____ mucho; ahora hace sol.
7. En este momento lo sé; antes no lo (yo-saber) _____
8. Hace siete años (ellos-ser) _____ de derechas; hoy día son de izquierdas.

262 Ponga los adjetivos entre paréntesis en la forma que exija el contexto de la frase.

1. Aquél fue el (malo) _____ día de toda mi vida.
2. Es el tipo (aburrido) _____ que he visto.
3. Ha sido la (grande) _____ catástrofe de los últimos tiempos.
4. Es el (bueno) _____ alumno que he tenido.
5. No tengo la (pequeña) _____ duda de que está loco.
6. Es la persona (formal) _____ que he conocido.
7. Agustín es el (bajo) _____ de todos nosotros.
8. Pepín era el (tonto) _____ del pueblo.
9. Aquí está el edificio (alto) _____ de la ciudad.
10. Esta empleada es la (vaga) _____ de la oficina.

263 Elimine la forma del posesivo que considere innecesaria.

1. Ese camión era *suyo de él.*
2. Los cepillos de dientes son *suyos de ellos.*
3. Esto no es mío, sino *suyo de usted.*
4. Aquel impermeable era *suyo de ella.*
5. La nevera no era nuestra, sino *suya de ustedes.*
6. Estos bocadillos no son de ustedes, sino *suyos de ellas.*

264 Ponga la preposición adecuada en las siguientes frases.

1. Tengo que sacar dinero _____ (el) banco.
2. Nos han invitado _____ la fiesta.

3. Vive _____ compañía _____ otras dos chicas danesas.

4. ¿ _____ cuánto está la docena de huevos?

5. Tardó mucho _____ llegar.

6. Lo haré _____ muy buena gana.

7. Dejó los zapatos _____ los pies _____ la cama.

8. Están juntos _____ todas horas.

265. Sustituya la palabra *conjunto* por el nombre colectivo correspondiente en cada caso.

1. Un conjunto de ovejas. _____

2. Un conjunto de pájaros. _____

3. Un conjunto de ladrones. _____

4. Un conjunto de músicos. _____

5. Un conjunto de islas. _____

6. Un conjunto de jugadores de fútbol. _____

7. Un conjunto de animales salvajes. _____

8. Un conjunto de barcos. _____

9. Un conjunto de voces que cantan juntas. _____

10. El conjunto de los soldados de un país. _____

APUNTES DE CLASE

Unidad cuarenta y dos

266. Conteste a las siguientes preguntas utilizando las formas de futuro o condicional simples de probabilidad.

MODELO:
$$\begin{cases} \text{¿Qué hora es?} \rightarrow \text{Serán las ocho.} \\ \text{¿Qué hora era?} \rightarrow \text{Serían las ocho.} \end{cases}$$

1. ¿Qué edad tiene esa señorita? ➞
2. ¿Cuánta gente había en la fiesta? ➞
3. ¿Dónde están tus padres? ➞
4. ¿Cuánto gastas en libros? ➞
5. ¿Quién fue? ➞
6. ¿Cuánto cuesta el billete para Málaga en avión? ➞
7. ¿Sabes lo que pagó por su reloj? ➞
8. ¿Qué estudia Mercedes ahora? ➞

267. Conteste a las siguientes preguntas utilizando las formas adecuadas del futuro o condicional compuestos de probabilidad, según el modelo.

MODELO: a) ¿Cuánta gente *ha venido*? ➞ *Habrán venido* 20 personas.
b) ¿Cuánta gente *había venido*? ➞ *Habrían venido* 20 personas.

1. a) ¿Cuánto le *ha costado* el billete de avión? ➞
   b) ¿Cuánto le *había costado* el billete de avión? ➞

2. a) ¿Sabes lo que *ha pagado* por su apartamento? ➞
   b) ¿Sabías lo que *había pagado* por su apartamento? ➞

3. a) ¿Dónde *han estado* tus padres? ➞
   b) ¿Dónde *habían estado* tus padres? ➞

4. a) ¿Quién *ha sido* el culpable? ➞
   b) ¿Quién *había sido* el culpable? ➞

5. a) ¿Qué vestido se *ha puesto* para la boda? →

   b) ¿Qué vestido se *había puesto* para la boda? →

6. a) ¿Cómo *ha hecho* ese tío una fortuna tan grande? →

   b) ¿Cómo *había hecho* ese tío una fortuna tan grande? →

268. Sustituya las palabras en cursiva por un tiempo verbal que exprese la probabilidad.

1. *Eran alrededor de* las ocho.
2. *Hay aproximadamente* cien personas en la sala.
3. *Tenía unos* treinta años.
4. Le *ha costado, más o menos*, cien pesetas.
5. Lo *hemos visto a eso de* las once de la noche.
6. *Seguramente* vivía bastante mal.
7. ¿Cuántos *había, más o menos*?
8. *Seguramente le había ocurrido* algo.
9. *Anduve alrededor* de cinco kilómetros.
10. La habitación *mide aproximadamente* cuatro metros de largo.
11. *Viven como a unas* dos manzanas de aquí.

269. Uso del futuro perfecto en la oración compuesta. Ponga el verbo entre paréntesis en la forma apropiada.

1. Cuando lleguemos, ya (ellos-terminar) _____ de cenar.
2. Para cuando estalle la tormenta, ya (nosotros-llegar) _____ a casa.
3. Seguramente cuando recibáis esta tarjeta, ya (nosotras-regresar) _____ a España.
4. Para cuando termines la carrera, tu hermana ya (hacerse rica) _____

270. Usos del futuro y condicional perfectos en la oración compuesta. Ponga la forma adecuada del futuro o condicional compuestos en las siguientes frases, según convenga.

1. a) Dicen que cuando acabe la temporada turística (llegar) _____ 40 millones de turistas.
   b) Decían que cuando acabara la temporada turística (llegar) _____ 40 millones de turistas.

2. a) Asegura que para final de año (él-ganar) _____ un montón de dinero.

   b) Aseguró que para final de año (ganar) _____ un montón de dinero.

3. a) Estamos convencidos de que para el otoño próximo (solucionar) _____ el problema de la sequía.

   b) Estábamos convencidos de que para el otoño próximo (solucionar) _____ el problema de la sequía.

4. a) No dudo de que dentro de cincuenta años la población mundial (duplicarse) _____

   b) No dudaba de que dentro de cincuenta años la población mundial (duplicarse) _____

271. Ponga el artículo determinado, masculino, femenino o neutro en los siguientes ejemplos.

1. _____ curioso es que todavía no sabemos cómo se llama.
2. Esto es _____ bueno.
3. Éste es _____ bueno.
4. _____ difícil es ser justo.
5. Ésta es _____ mejor película que he visto últimamente.
6. _____ quijotismo es muy difícil de definir.
7. _____ triste era que lo sabía, pero no me acordaba.
8. _____ más guapo era _____ más antipático.
9. _____ principal es que trabajen ustedes.
10. Eso me parece _____ más lógico.

272. Responda a las siguientes preguntas, repitiendo el verbo y añadiendo los pronombres *la, lo, los, las*, según los casos.

MODELO: ¿Hay mucha gente hoy en clase? → Sí, *la* hay.

1. ¿Tiene usted mucha prisa? →
2. ¿Hay botellas de leche en la nevera? →
3. ¿Ha hecho usted esto? →
4. ¿Venden ustedes fiambres? →
5. ¿Has terminado la carrera? →
6. ¿Estás estudiando alemán? →
7. ¿Tenían ellos hambre? →
8. ¿Había algún programa interesante en la tele? →
9. ¿Habéis visto la última película de Woody Allen? →
10. ¿Sabe usted ya el resultado de la operación? →

273 **Haga frases con las siguientes palabras, demostrando claramente la diferencia de significado.**

entrada - billete

tren - tranvía - metro

sábana - manta

taxi - autobús - coche

vía - andén

tapa - pincho

APUNTES DE CLASE

274. Pretérito perfecto = indefinido. Usos intercambiables. Repita las siguientes frases utilizando uno u otro tiempo, según los casos.

1. *Ha vivido* en Italia doce años.

    b) ─────────────────────────────

2. Siempre *presumieron* mucho.

    b) ─────────────────────────────

3. Toda su vida se *ha comportado* así.

    b) ─────────────────────────────

4. Ese vino no lo *he probado* nunca.

    b) ─────────────────────────────

5. Hasta ahora no *pasamos* calor aquí.

    b) ─────────────────────────────

6. Todos los años *hemos celebrado* el carnaval.

    b) ─────────────────────────────

275. Pretérito perfecto ≠ indefinido. Usos no intercambiables. Ponga los verbos entre paréntesis en la forma apropiada de uno u otro tiempo, según los casos.

1. *El domingo* **oímos** un concierto de música clásica; *hoy* lo (oír) ──────────── de «jazz».
2. *Este año* (tú-ganar) ──────────── poco; *el año pasado* **ganaste** mucho.
3. *Esta noche* no (ellos-llamar) ──────────── todavía; *anoche* **llamaron** dos veces por teléfono.
4. *Ayer* (yo-ir) ──────────── al zoo; *esta mañana* **he ido** al circo.
5. *Aquel verano* **se divirtieron** mucho; *este verano* (ellos-divertirse) ──────────── muy poco.
6. *La semana pasada* (nosotros-salir) ──────────── varias noches; *esta semana* no **hemos salido** nada.

276. Pretéritos perfecto y pluscuamperfecto. Ponga el verbo entre paréntesis en uno u otro tiempo, según convenga.

1. a) Cuando llego a casa mis hijos ya (cenar) _____
   b) Cuando llegaba a casa mis hijos (cenar) _____

2. a) Siempre que voy a recoger a Pedro a su casa ya (él-salir) _____
   b) Siempre que iba a recoger a Pedro a su casa ya (él-salir) _____

3. a) Cada vez que le propongo una nueva idea, ella ya la (estudiar) _____
   b) Cada vez que le proponía una nueva idea, ella ya la (estudiar) _____

4. a) Cuando le doy una noticia, él ya la (oír) _____ por la radio.
   b) Cuando le daba una noticia, él ya la (oír) _____ por la radio.

277. Dé la forma adecuada del indefinido, pretérito perfecto o pluscuamperfecto, según convenga. Algún caso admite más de un tiempo.

1. Hasta ahora (ellos-vivir) _____ como reyes.
2. Cada vez que quería contar un chiste, tú ya lo (contar) _____
3. Siempre que te invito a cenar fuera, ya te (ellos-invitar) _____
4. Ayer (yo-regresar) _____ de las vacaciones.
5. Durante toda su juventud (él-sacrificarse) _____ mucho por su madre y sus hermanos.
6. Aquel grupo musical (actuar) _____ dos semanas en Roma; éste ha actuado sólo dos días.

278. Usos de artículo. Rellene los puntos con la forma adecuada del artículo determinado, en los casos en que sea necesario.

1. Tenemos clase _____ lunes, _____ miércoles y _____ viernes.
2. Estudia _____ Derecho.
3. Hoy es _____ sábado.
4. Levantó _____ cabeza para mirarme.
5. No nos gusta estudiar de _____ noche.
6. Le gustaba mucho _____ café con leche.
7. Trabaja por _____ horas en _____ servicio doméstico.
8. Se lo digo a usted por _____ última vez.

9. Cuando llegué a su casa estaba todavía en _____ pijama.

10. Esta tarde estaré en _____ casa.

11. _____ número 9 me da suerte.

279 Use las palabras *mal* o *malo, -a, -os, -as* en las siguientes frases, según convenga.

1. ¡Qué _____ tiempo hace!

2. ¿Qué te pasa? ¿Te encuentras _____ ?

3. Ha sacado muy _____ notas.

4. Aquel equipo era bastante _____

5. Ese niño canta muy _____

6. Esta habitación huele _____

7. Se portó muy _____ con nosotros.

8. Es un _____ bicho.

9. Tiene muy _____ modales.

10. Estos plátanos saben _____

11. ¡Qué _____ huele el metro!

12. ¡Qué _____ eres!

280 Use estos verbos de significado parecido en frases que muestren sus diferencias de matiz.

salir ≠ ir(se) ≠ marchar(se)

doler ≠ hacer(se) daño ≠ lastimar(se)

traer ≠ llevar

APUNTES DE CLASE

Unidad cuarenta y cuatro

281. Ponga los verbos entre paréntesis en la forma correcta del presente e imperfecto de subjuntivo, empezando siempre con las estructuras:

MODELO:
$\left\{\begin{array}{l}\textit{Yo quiero que...}\\ \textit{Yo quería que...}\\ \textit{Yo querría que...}\end{array}\right.$

1. Yo quiero (quería, querría) que...   (vosotros-venir)
2. ...   (tú-comer)
3. ...   (él-ir)
4. ...   (nosotros-salir)
5. ...   (ustedes-sentarse)
6. ...   (ellas-dormir)
7. ...   (usted-obedecer)
8. ...   (ellas-vestirse)
9. ...   (vosotras-conducir)
10. ...   (ellas-reírse)

282. Termine las siguientes frases poniendo el infinitivo en la forma adecuada del presente de subjuntivo.

1. Necesitamos que (ellos-dar) _den_
2. Te prohíbo que (tú–hacer) _hagas_
3. Se alegra de que (vosotros-ir) _vayáis_
4. Dudamos que esto (valer) _valga_
5. Esperáis que (yo-poder) _pueda_
6. Se queja de que (nosotros-salir) _salgamos_ cumplían
7. Le ruego a usted que (oír) _oiga_
8. Tenemos miedo de que (ustedes-no saber) _sepan_
9. Te ordeno que (tú-decir) _digas_
10. Me duele que no (él-tener) _tenga_
11. A mi padre le fastidia que (yo-poner) _ponga_ la música alta.

283. Conteste a las siguientes preguntas, afirmativa y negativamente, repitiendo los verbos que aparecen en ellas.

1. ¿Quieres que (yo) le invite?
2. ¿Te gusta que (yo) salga con ella?
3. ¿Os alegráis de que hayan venido?
4. ¿Le apetece a usted que tomemos un café?
5. ¿Desean ustedes que les acompañe?
6. ¿Temes que haya una guerra?
7. ¿Prefieres que te lleve a casa?
8. ¿Me permite usted que le ayude?
9. ¿Esperan ustedes que haga buen tiempo?
10. ¿Le prohíben ustedes que fume?

284. Ponga el infinitivo en un tiempo adecuado del indicativo.

1. Ya veo que (tú-tener) _tienes_ ganas de hablar.
2. Reconozco que la sintaxis española (ser) _es_ complicada.
3. ¿Crees que (ellos-estar) _están_ allí?
4. Recordaba que me lo (él-haber) _había_ dicho.
5. He notado que (ella- estar) _estaba_ pálida.
6. He oído que ese político (presentarse) _se presenta_ a las elecciones. No he oído ... se presente
7. Se enteraron de que (ellos-estar) _estaban_ incluidos en la lista.
8. Te prometo que (yo-ocuparse) _me ocupo_ del asunto. matter no te prometo que... me ocupe
9. Nunca comprendimos qué (pasar) _pasó_
10. No nos explicaron cómo (tener) _teníamos_ que ir.

285. Ponga las frases del ejercicio anterior en forma negativa, según el ejemplo.

MODELO: *No veo* que *tengas* ganas de hablar.

No creo que estén ahí

286. Escriba el acento sobre las palabras en cursiva que lo necesiten.

1. ¡*Cuanto* me gusta eso!
2. No voy *porque* no tengo dinero.
3. La que más me gusta es *esta*.

4. ¡*Que* lástima!

5. Ésta es *mi* casa.

6. *Esa* ciudad es muy grande.

7. ¡*Quien* fuera millonario!

8. Me acuerdo de *aquel* día.

9. ¿Por *que* no has llamado por teléfono?

10. *Esta* tarde voy de compras.

11. En *cuanto* llegue, avíseme.

12. ¡*Que* vengas aquí!

13. *Aquella* es la mía.

14. *Esa* era mi preferida.

15. Esto es para *mi*.

287. Sustituya las formas *le(s)* por *lo(s)* donde sea correcto.

1. *Le* vi en el cine (a Juan).

2. *Le* he dado la noticia (a ella).

3. *Le* puse una tarjeta ayer (a Pedro).

4. *Les* oí hablar de ti (a tus hermanos).

5. *Les* compré el coche por 1.300 euros (a ellas).

6. *Le* he observado con mucho cuidado (a Enrique).

7. *Les* dije que habías llegado (a tus padres).

8. *Le* regalé un collar (a mi novia).

9. *Les* comprendo muy bien (a ustedes).

10. *Le* conté un cuento (a mi hija).

288. Elija el artículo que pida el sentido de la frase, considerando que la significación de estas palabras cambia según el género.

1. El capitán dio (un-una) orden a los soldados.

2. Los niños jugaban con (el-la) cometa.

3. Había un chalet en (el-la) margen derecha del río.

4. Se hizo (un-una) corte en la mano con el cuchillo.

5. (El-La) orden público es un tema constante de conversación.

6. (Los-Las) cometas son cuerpos celestes.

7. ¡Dejen ustedes (un-una) margen a ambos lados de la página!

8. El rey Felipe II estableció (el-la) corte en Madrid.

289 Transforme los siguientes adjetivos en adverbios añadiéndoles terminación *-mente* y haga frases con cada uno.

rápido	estupendo
simple	general
único	inteligente
magnífico	sólo
seguro	abundante

APUNTES DE CLASE

290. Dé el tiempo de indicativo o de subjuntivo que exija el contexto.

1. Es una lástima que no (vosotros-poder) _____ acompañarnos.
2. Era necesario que (ellos-presentar) _____ su carnet de identidad.
3. Es obligatorio que (ustedes-firmar) _____ estos papeles.
4. Era evidente que no (él-hablar) _____ francés.
5. Es lógico que (ella-estar) _____ cansada.
6. Fue una pena que no lo (vosotros- comprar) _____
7. Es cierto que (él-faltar) _____ a clase mucho.
8. En aquella época era normal que la gente no (tener) _____ muchas comodidades.
9. Es muy importante que (ustedes-aprender) _____ el subjuntivo.
10. Es horrible que (haber) _____ guerras.
11. Está visto que no (querer) _____ llover.

291. Dé un tiempo adecuado del indicativo o del subjuntivo.

1. Está claro que (él-preferir) _____ vivir solo.
2. No está claro que (él-preferir) _____ vivir solo.
3. Era verdad que les (haber) _____ tocado la lotería.
4. No era verdad que les (haber) _____ tocado la lotería.
5. Es cierto que (ella-tener) _____ diez hermanos.
6. No es cierto que (ella-tener) _____ diez hermanos.
7. Era seguro que (ellos-ir) _____ de vacaciones a Italia.
8. No era seguro que (ellos-ir) _____ de vacaciones a Italia.
9. Es evidente que (usted-tener) _____ mucha paciencia.
10. No es evidente que (usted-tener) _____ mucha paciencia.
11. Parece que (ellos-vivir) _____ mal.
12. No parece que (ellos-vivir) _____ mal.

292. Dé el tiempo adecuado de subjuntivo que exija el contexto.

1. Quiero que (tú-ponerte) _____ el sombrero nuevo.
2. Preferiría que me lo (ellos-enviar) _____ a casa.
3. Nos mandaron que (nosotros-llevar) _____ este paquete.
4. Les encargué que (ellos-comprar) _____ jamón serrano.
5. ¿Me permite usted que (yo-fumar) _____ ?
6. La huelga de autobuses impidió que (nosotros-ir) _____ a trabajar.
7. Dejé que (ellas-hacer) _____ lo que quisieran.
8. Nos alegramos de que (vosotros-encontrarse) _____ bien.
9. Me extraña que no (ellos-haber) _____ contado nada de lo ocurrido.
10. Sentimos mucho que no (usted-haber) _____ sacado la oposición.
11. Me cabrea que (tú-hacer) _____ el primo.

293. Dé el tiempo adecuado de subjuntivo que exija el contexto.

1. Tiene miedo de que (cambiar) _____ la situación.
2. Le gusta mucho que le (ellos-traer) _____ el desayuno a la cama.
3. Me molesta que (ellos-empujarme) _____ en el metro.
4. Dudo que (ella-saber) _____ tanto como dice.
5. A esa chica le fastidia que le (echar) _____ piropos por la calle.
6. Esperamos que (usted-acordarse) _____ de nosotros.
7. Le pedí que me (dar) _____ su número de teléfono.
8. Me sorprendió mucho que (estar) _____ la casa vacía.
9. No le apetecía que (nosotros-salir) _____ juntos.
10. Le molesta que (yo-ser) _____ un poco machista.
11. Le asombraba que (nosotras-bailar) _____ la lambada.
12. Nos daba miedo de que (ellos-no saber) _____ que el lugar era peligroso.

294. Transforme las siguientes frases según el modelo e indique la diferencia de matiz.

MODELO: *Esta señorita* es secretaria. ➞ *La señorita esta* es secretaria.

1. *Ese tipo* sabe hablar francés. ➞
2. *Aquellos periódicos* eran de la semana pasada. ➞
3. *Esta bebida* es muy fuerte. ➞
4. *Esos sobres* están cerrados. ➞
5. *Aquella caja* estaba rota. ➞

6. *Estos sombreros* están de moda. →

7. *Esa guitarra* es andaluza. →

8. *Aquel autobús* va muy lleno. →

9. *Este asunto* no me gusta. →

10. ¿Te acuerdas de *aquella noche*? →

295. Use una de las palabras *algún, -o, -a, -os, -as* o *ningún, -o, -a* en las siguientes frases, según los casos.

1. ¿Tiene usted _____ problema?

2. No había _____ barco en el puerto.

3. Teníamos _____ cosas que discutir.

4. No se le puede ver a _____ hora.

5. _____ creen que la guerra es inevitable.

6. Pregunté a _____ de ellos, pero _____ lo sabía.

7. Pregunté a varias personas, pero no lo sabía _____

8. En líneas generales, estoy de acuerdo contigo, pero no comprendo _____ de tus puntos de vista.

9. Tengo _____ discos de flamenco, pero no tengo _____ disco de zarzuela.

10. Tiene _____ pájaros en casa, pero _____ canta.

296. Dé la forma adecuada del verbo específico en cada frase.

1. El coche _____ contra un árbol.

2. Quiero _____ le una visita.

3. Ese niño _____ mucha guerra.

4. Juanita es muy tímida; en seguida _____ colorada.

5. En cuanto le vea, le _____ la enhorabuena.

6. ¡No corras, el tren _____ una hora de retraso!

7. En verano, salía por las noches para _____ el fresco.

297. Haga frases con las siguientes palabras, dejando claro el significado.

cintura - caderas
muela - colmillo - diente
pecho - espalda

hígado - pulmones
codo - tobillo
palma de la mano - planta del pie
(dedo) pulgar - (dedo) meñique

APUNTES DE CLASE

Unidad cuarenta y seis

298 **Ponga el verbo entre paréntesis en el tiempo adecuado de subjuntivo o de indicativo.**

1. Hasta que (yo-verle) _____ en casa, no estoy tranquilo.
2. Apenas (él–terminar) _____ de cenar, se pone a ver el televisor.
3. Se irán al campo en cuanto (ellos-poder) _____
4. Cuando (hacer) _____ buen tiempo, pasaremos el día en la playa.
5. No estará contento en la empresa, a pesar de que le (ellos-pagar) _____ bien.
6. Aunque (ellos-vivir) _____ juntos, no se llevan bien.

299 **Ponga el verbo entre paréntesis en el tiempo adecuado de subjuntivo o de indicativo.**

1. No nos hacía caso, y eso que se lo (nosotros-advertir) _____ constantemente.
2. Por mucho que (ella-comer) _____ no se hartaba.
3. Hicimos una media de 80 kilómetros por hora, aunque (nosotros-tener) _____ un pinchazo.
4. Dijo que no pagaría la letra hasta que no (él-cobrar) _____ el sueldo.
5. ¡En cuanto (tú-llegar) _____ a Almería, busca alojamiento!
6. En cuanto (él-llegar) _____ a Almería, buscó alojamiento.

300 **Ponga el verbo entre paréntesis en el tiempo adecuado de subjuntivo o de indicativo.**

1. A medida que (ellos-entrar) _____ se sientan.
2. Por listas que (ellas-ser) _____ no se saldrán con la suya.
3. Estaremos juntos desde que (él-venir) _____ hasta que se vaya.
4. Me lo comunica en cuanto (él-enterarse) _____
5. Aunque (ellos-trabajar) _____ mucho, siempre tienen buen humor.
6. Por mal que lo (nosotros-hacer) _____ , nos lo aceptarán.
7. Cometen muchos errores y eso que (ellos-ser) _____ expertos en la materia.

301. Ponga el verbo entre paréntesis en el tiempo adecuado del subjuntivo o del indicativo, según convenga.

1. Dice que cuando (él-llegar) _____ a casa, *se quitó* los zapatos.
2. Dice que cuando (llegar) _____ a casa, *se quita* los zapatos.
3. Dice que cuando (llegar) _____ a casa, se *quitará* los zapatos.
4. Dijo que cuando (llegar) _____ a casa, *se quitaría* los zapatos.
5. Dice que aunque (estar) _____ a casa, no *llamó* por teléfono.
6. Dice que aunque (estar) _____ a casa, no *llama* por teléfono.
7. Dice que aunque (estar) _____ a casa, no *llamará* por teléfono.
8. Dijo que aunque (estar) _____ a casa, no *llamaría* por teléfono.

302. Comparaciones. Rellene los espacios en blanco con la misma partícula.

1. Es _____ curiosa que siempre escucha todas las conversaciones.
2. ¡Qué jardín _____ precioso!
3. Su marido es _____ celoso que no la deja salir de casa.
4. Era un muchacho _____ inocente que todos se reían de él.
5. ¡Qué novia _____ guapa tiene!

303. Dé la partícula comparativa más apropiada al contexto.

1. Cuanto _____ duermo, más sueño tengo.
2. _____ los amigos como los clientes le estimaban mucho.
3. Cuanto menos trabaje, _____ le pagarán.
4. Tanto tú _____ yo lo hemos pasado muy mal en la vida.
5. Cuanto _____ bebo, más me apetece beber.
6. Le respetaban _____ sus amigos como sus enemigos.
7. Esto es útil tanto para ti _____ para mí.
8. Cuanto más borracho está _____ ganas tiene de cantar.
9. _____ antes venga, mejor.
10. Tanto Juan _____ Antonio están equivocados.

304. Termine las siguientes frases con la preposición adecuada y un verbo en infinitivo.

1. Siempre acostumbra _____
2. ¡Anímate _____ !

3. Se arrepintió _____

4. Nos cansamos _____

5. Hemos dejado _____

6. Por fin se decidió _____

7. Presume _____

8. He tratado _____

9. Soñaba _____

10. Tarda mucho _____

305. **Haga frases con las siguientes palabras, demostrando claramente la diferencia de significado.**

cuchara - tenedor - cuchillo - cucharilla

mantel - servilleta

sartén - cazo - olla

moreno - marrón - castaño

vajilla - cubertería

cristalería - mantelería

APUNTES DE CLASE

Unidad cuarenta y siete

306. Ponga el verbo entre paréntesis en el tiempo adecuado del subjuntivo.

1. Debes ir *a que* te (ver) _____ el médico.
2. Ahí te dejo mi perro *para que* lo (tú-cuidar) _____ mientras estoy fuera.
3. Tuve que irme *sin que* me (ellos-dar) _____ el dinero que me debían.
4. Me conformo *con que* me lo (tú-traer) _____ mañana.
5. No iré al bautizo, *a menos que* me (ellos-enviar) _____ una invitación.
6. La Universidad ha ofrecido este año un gran número de becas *a fin de que* nadie (carecer) _____ de una educación adecuada por falta de medios económicos.
7. Vamos a todas las exposiciones, *a no ser que* (nosotros-estar) _____ muy ocupados.
8. Te lo digo *para que* (tú-enterarse) _____

307. Ponga el verbo en el tiempo adecuado del subjuntivo o indicativo, según convenga.

1. Te lo presto siempre que lo (tratar) _____ bien.
2. Si él (ser) _____ un poco más simpático, tendría más éxito en la vida.
3. Como no (ella-estar) _____ aquí antes de las diez, mañana no la dejaré salir.
4. Saldremos de excursión, con tal de que no (llover) _____
5. Si (tú-portarse) _____ bien, te llevo al circo mañana.
6. Como no (tú-portarse) _____ bien, no te llevaré de paseo.
7. Si usted (esperar) _____ un poco más, lo habría visto.

308. Ponga el verbo entre paréntesis en el tiempo apropiado del indicativo o subjuntivo, según los casos.

1. Si (llover) _____ , no *saldremos (salimos)*.
2. Si (llover) _____ , no *saldríamos (salíamos)*.
3. Si (llover) _____ , no *hubiéramos (habríamos) salido*.

4. Como (llover) _____ , no *saldremos (salimos)*.

5. Como (llover) _____ , no *salimos* (pret. indefinido).

6. Como (llover) _____ , no *hemos salido*.

309. Ponga el verbo entre paréntesis en el tiempo, del indicativo o subjuntivo, apropiado a cada frase.

1. Si (yo-tener) _____ tiempo, iré a visitarte.

2. Si (tú-fumar) _____ menos, te sentirías mejor.

3. Si lo (yo-haber) _____ sabido, no habría venido.

4. Si no (vosotros-poner) _____ más interés, vais a tener un disgusto.

5. Si no (usted-gastar) _____ menos, nunca ahorrará nada.

6. Te dije que si yo hubiera podido, (haber) _____ comprado el regalo.

7. Si le (tú-ver) _____ , dile que le ando buscando.

8. Si bailase mejor, (yo-salir) _____ con él más a menudo.

9. Si me lo (ella-pedir) _____ , se lo doy.

10. Su pusieras la calefacción, (tener) _____ menos frío.

11. Si (él-tocar) _____ madera, es porque era supersticioso.

12. Si (ella-presentarse) _____ a las elecciones es porque le gusta.

13. Dijo que si (nosotros-comer) _____ esa porquería nos haría daño.

310. Ponga el verbo entre paréntesis en el tiempo adecuado del indicativo o subjuntivo, según convenga.

1. No sé si (ser) _____ cierto, pero te creo.

2. ¿Sabe usted si (él-tener) _____ novia?

3. Si (ella-hacer) _____ más deporte, estaría más en forma.

4. Si (tú-estar) _____ allí, lo habrías visto.

5. ¿Qué haría yo si no (ser) _____ por ti?

6. No sabemos si (ellos-venir) _____ esta tarde.

7. ¿No recuerda usted si le (él-dar) _____ el recado?

8. Se lo advertiré por si no lo (ellos-saber) _____

311. Ponga la preposición adecuada en las siguientes frases.

1. ¿Cuánto cuesta el libro _____ matemáticas?

2. Se hizo rico _____ un año.

3. ¿Habla usted _____ serio?

4. Se presentó _____ repente.

5. Acaban _____ dar las doce.

6. Ha corrido tanto que está _____ aliento.

7. Me gustan mucho las patatas fritas _____ la brava.

8. Usted no tiene derecho _____ quejarse.

312 Añada los prefijos negativos *in-* o *des-*, según convenga, a las siguientes palabras.

MODELO: hacer ➞ *des*hacer

útil ➞ *in*útil

seguro _____   cargar _____

capaz _____   cansar _____

feliz _____   mentir _____

mortal _____   necesario _____

contar _____   puro _____

decente _____   humano _____

313 Explique el significado de las siguientes frases.

1. Esta vez me toca a mí pagar la consumición.

2. ¡Haz lo que quieras!; ¡me da lo mismo!

3. ¡Señores! Esto está más claro que el agua.

4. ¡Huy, huy, huy! Eso me da muy mala espina.

5. No leas ese folleto que es un rollo.

APUNTES DE CLASE

Unidad cuarenta y ocho

314. Ponga el verbo en el tiempo, del indicativo o subjuntivo, apropiado a cada frase.

1. No hay nada que no (saber) _____ ese tipo. ¡Es un fuera de serie!
2. Quien no (haber) _____ entendido, que (levantar) _____ la mano.
3. Los que (llegar) _____ tarde, no pudieron entrar.
4. El que de verdad (entender) _____ de política es Pedro.
5. Podrán entrar todos los que (haber) _____ pagado.
6. ¿Hay alguien aquí que (hablar) _____ chino?
7. Necesito una chica que (tener) _____ experiencia en cuidar niños.
8. El que (tener) _____ una manta de sobra, que la traiga.
9. En cualquier sitio que le (yo-ver) _____ le reconoceré.
10. Debes comprar un bolígrafo que (escribir) _____ mejor que éste.
11. Todos los que (llegar) _____ , se quitaban el abrigo.
12. Todos los que (venir) _____ , serán bien recibidos.

315. Ponga el verbo entre paréntesis en presente de subjuntivo, siguiendo el modelo, y termine las frases para completar el sentido.

MODELO: *Sea* quien *sea*, (no estoy para nadie)
Diga lo que *diga*, (no le hagas caso)

1. (Él-estar) _____ donde _____
2. (Ella-vestirse) _____ como _____
3. (Cantar) _____ quien _____
4. (Ustedes-ir) _____ cuando _____
5. (Nosotros-trabajar) _____ o no _____
6. (Costar-ello) _____ lo que _____
7. (Vosotros-vivir) _____ donde _____
8. (Caer) _____ quien _____
9. (Ellos-gastar) _____ cuanto _____

316. Use el tiempo del indicativo o subjuntivo que convenga a cada frase.

1. Quizá (nevar) _____ el próximo fin de semana.
2. ¡Ojalá (terminar) _____ pronto esta conferencia!
3. A lo mejor le (yo-ver) _____ esta tarde.
4. ¡Quién (poder) _____ vivir en ese palacio!
5. Tal vez (él-ser) _____ millonario, pero no lo parece.
6. A lo mejor (nosotros-salir) _____ esta noche.
7. ¡Que usted (divertirse) _____ !
8. ¡Ojalá (yo-hablar) _____ ruso!, porque ahora me hace mucha falta.
9. (Él-estudiar) _____ quizá más, pero no es tan inteligente como ella.
10. ¡Que (aprovechar) _____ !
11. ¡Quién (tener) _____ dieciocho años ahora!
12. ¡Hasta mañana, que (tú-descansar) _____ !
13. ¡Ojalá (nosotros-llegar) _____ a tiempo para despedirle!
14. ¡Así (ellos-pillar) _____ una indigestión!
15. Seguramente (él–quedarse) _____ en Australia.

317. Ponga la preposición adecuada en las siguientes frases.

1. Están dispuestos _____ pagar lo que les pidas.
2. _____ espera _____ sus noticias, le saluda atentamente.
3. Tenía ganas _____ bañarse _____ el mar.
4. Vamos _____ mal _____ peor.
5. Antonio es muy ancho _____ espaldas.
6. Estoy harto _____ comer ensalada.
7. Dentro de un momento estoy _____ usted.

318. Ponga las partículas *que* o *de* en las siguientes frases, según convenga.

1. Gana más _____ 100.000 pesetas al mes.
2. Estudia más _____ lo que parece.
3. Usted no tiene más _____ llamar por teléfono.
4. En la reunión había más _____ 20 personas.
5. Todavía tenía mucho más _____ hacer.
6. Le gusta más dormir _____ trabajar.
7. ¿Hay algo más _____ escribir?
8. Llevo esperando más _____ media hora.

9. Yo puedo esperar porque tengo menos prisa _____ usted.

10. Tengo menos dinero _____ lo que pensaba.

319 Añada los prefijos *re-* o *ex-*, según convenga, a las siguientes palabras.

editar _____   coger _____

leer _____   volver _____

presidente _____   educar _____

elegir _____   traer _____

320 Explique el significado de los siguientes modismos y expresiones.

1. Le pillamos con las manos en la masa.
2. El médico le dio de alta.
3. Es muy exigente; no pasa nada por alto.
4. Matar el tiempo.
5. Lo hizo en un abrir y cerrar de ojos.
6. No lo hago porque no me da la gana.
7. ¡A ver!, ¿en qué quedamos?
8. Está todo en el aire.

APUNTES DE CLASE

321. Dé el tiempo adecuado del subjuntivo o del indicativo en las siguientes frases.

1. Les dije que se (ellos-dar) _____ prisa.
2. Es una vergüenza que la (ellos-haber) _____ dejado sola.
3. Tenía mucha libertad, aunque (ella-vivir) _____ con sus padres.
4. Hasta que no (ellos-llegar) _____ no me quedé tranquilo.
5. ¡Muchas gracias! No es necesario que (usted-molestarse) _____
6. ¡Oye! A lo mejor te (yo-hacer) _____ una visita este verano.
7. Puede que mañana (yo-ir) _____ a la piscina.
8. Los que (querer) _____ venir a la excursión, que lo comuniquen al cargado.
9. No hay quien (poder) _____ con este niño.
10. ¿Alguno de ustedes sabe lo que (haber) _____ pasado aquí?
11. Parece mentira, tío, que (tú-ser) _____ tan embustero.
12. No sabemos cuándo Inés (terminar) _____ los estudios.

322. Ponga el tiempo adecuado del subjuntivo o del indicativo en las siguientes frases.

1. Avíseme en cuanto llegue, por muy tarde que (ser) _____
2. No es que Antonia (ser) _____ fea, pero es un poco sosa.
3. En la primera ocasión que (tú-tener) _____ , mándame eso.
4. La última vez que le (yo-ver) _____ fue en Chicago.
5. Puesto que ya lo (usted-saber) _____ , ¿por qué me lo pregunta?
6. Ya que (nosotros-tener) _____ esta oportunidad, aprovechémosla.
7. Desde que Rosita (salir) _____ con ese chico, nos ha olvidado completo.
8. Lo lógico es que (vosotros-empezar) _____ por el principio.
9. ¡Disculpadme!; voy a comer porque (yo-tener) _____ mucha hambre.

323. Ponga el tiempo adecuado del subjuntivo o del indicativo en las siguientes frases.

1. La próxima vez que te (yo-ver) _____ haciendo eso, se lo digo a tu madre.
2. Que yo (saber) _____ , nadie ha reclamado todavía este bolso.

3. No quiso decírmelo a pesar de que lo (él-saber) _____

4. Se empeñó en que (nosotros-dormir) _____ en su casa.

5. El que (ellos-gastar) _____ mucho, no quiere decir que tengan dinero.

6. Por mucho que (tú-insistir) _____ , no me convencerás.

7. Cada vez que (yo-beber) _____ ginebra, me duele la cabeza.

8. Como (ella-ser) _____ muy mona tenía muchos admiradores.

9. No me extraña que le (ella-querer) _____ tanto, porque era muy buen marido.

10. Lo más probable es que ahora (ellos-estar) _____ viajando por el norte de Europa.

11. Menos mal que (ellas-tener) _____ mano izquierda.

12. Conste que (yo-hacer) _____ todo lo posible.

324. Coloque el artículo determinado, indeterminado o neutro donde sea necesario o simplemente posible.

1. _____ que sepas mucho no te da derecho a presumir tanto.

2. En _____ España del siglo XII había continuas luchas entre moros y cristianos.

3. _____ beber con exceso es nocivo para _____ salud.

4. Hicimos _____ alto en _____ camino.

5. Se echó _____ siesta de dos horas.

6. _____ paella es _____ plato típico español muy conocido.

7. ¿Te has enterado de _____ de Luciano?

8. Aún no sabes _____ más gracioso.

9. Tenía _____ sonrisa encantadora.

10. _____ hacer deporte es siempre recomendable.

325. Ponga la preposición adecuada en las siguientes frases.

1. Esto es fácil _____ hacer.

2. Es una bebida imposible _____ encontrar aquí.

3. La situación _____ Oriente Medio está cada día más complicada.

4. No puedo correr _____ buenas zapatillas.

5. Sus ideas son difíciles _____ entender.

6. Me llevo muy mal _____ mi cuñada.

7. Los artículos que se venden en los aeropuertos están libres _____ impuestos.

8. Tuve que ir _____ pie a la verbena.

326. Conteste a las siguientes preguntas con la palabra adecuada.

1. ¿Cómo se llama la parte exterior del tronco de un árbol? _____

2. ¿Cómo se llama la parte dura de las uvas? _____

3. ¿Cómo se llama la parte dura de las aceitunas? ⬛⬛⬛⬛⬛⬛⬛⬛

4. ¿Cómo se llama la parte exterior de una naranja? ⬛⬛⬛⬛⬛⬛⬛⬛

5. ¿Cómo se llama la parte por donde se coge el cuchillo? ⬛⬛⬛⬛⬛⬛⬛⬛

6. ¿Cómo se llama la parte que corta del cuchillo? ⬛⬛⬛⬛⬛⬛⬛⬛

7. ¿Cómo se llaman las partes que pisan de un zapato? ⬛⬛⬛⬛⬛⬛⬛⬛

APUNTES DE CLASE

327 **Ponga los infinitivos entre paréntesis en la forma correcta del pretérito imperfecto de subjuntivo.**

1. Si (yo-tener) _____ dinero, compraría ese chalet.
2. Nos alegramos de que (él-decir) _____ la verdad.
3. Ellos no habían dicho que (tú-saber) _____ su dirección.
4. No creía que (ellos-poder) _____ hacer eso.
5. Era imposible que (él-andar) _____ tanto.
6. Era probable que (ustedes-traer) _____ el vino.
7. Si tu casa (estar) _____ cerca, vendría a verte.
8. Dijo que hablaríamos cuando (él-llegar) _____
9. Nos prohibió que (nosotros-ir) _____ a las carreras.
10. Nos pidió que (nosotros-ser) _____ comprensivos.
11. ¿Se molestó que (yo-abrir) _____ la ventana?

328 **Use el tiempo del indicativo o del subjuntivo que exija el contexto.**

1. Hasta que no (usted-terminar) _____ de comer, no se levante de la mesa.
2. Hasta que no (ellos-terminar) _____ de comer, no se levantaron de la mesa.
3. Mientras (él-estudiar) _____ , no le gusta oír música.
4. Mientras (tú-estudiar) _____ , no oigas música.
5. Siempre que (ella-venir) _____ a Madrid, me trae un regalo.
6. Siempre que (tú-venir) _____ a Madrid, tráeme un regalo.
7. En cuanto lo (yo-saber) _____ te lo comunicaré.
8. Le dije que hasta que no (él-merendar) _____ no vería la televisión.
9. No saben cuándo (casarse) _____ su hija.
10. No digan ustedes que (ser) _____ de aquí.

329 **Transforme estas frases según el modelo.**

MODELO: Nos mandaron *que lleváramos* este paquete. → Nos mandaron *llevar* este paquete.

1. ¿Me permite usted *que fume*? →
2. La huelga de autobuses nos impidió *que fuéramos* a trabajar. →

3. (Les) dejé *que ellas hicieran* lo que quisieran. ➤
4. (Le) he ordenado a mi secretaria *que pase* a limpio esta carta. ➤
5. (Nos) hizo *que limpiáramos* los zapatos. ➤
6. Permítame *que le explique* lo ocurrido. ➤
7. Nos prohibió *que fuésemos* a la manifestación. ➤
8. Os aconsejó *que fuerais*. ➤
9. Te animaron a *que terminaras* la carrera. ➤
10. Les impedimos *que cometieran* un error. ➤

330. Ponga *un, -a, -os, -as* en los casos en que sea necesario.

1. Estuvo aquí hace media _____ hora.
2. Mi tía fue _____ enfermera en ese hospital.
3. Esa chica tiene _____ ojos muy bonitos.
4. ¿Es usted _____ inglés o _____ norteamericano?
5. Era _____ atea convencida.
6. Viví allí _____ semanas nada más.
7. Recibió _____ regalos preciosos.
8. Era _____ ingeniero muy bueno.
9. La reunión duró tres cuartos de _____ hora.
10. Han venido _____ amigos tuyos a verte.

331. Ponga la preposición adecuada en las siguientes frases.

1. Se decidieron _____ comprar el apartamento.
2. ¿Quién se encarga _____ sacar las localidades?
3. ¡Gracias _____ el regalo!
4. Han preguntado _____ ti.
5. Era contrario _____ toda clase _____ reformas.
6. Este chisme es útil _____ calentar el agua.
7. Iban acompañados _____ sus respectivas esposas.
8. Lo digo _____ verdad.

332. Use la palabra que exija el contexto.

1. Ibiza es una _____ preciosa.
2. El Sáhara es un _____

3. El Golden Gate es un _____ que cruza la _____ de San Francisco.

4. España y África están separadas por el _____ de Gibraltar.

5. El _____ de Suez está en Egipto.

6. España y Portugal forman la _____ Ibérica.

7. África es un _____

8. Hamburgo es un _____ muy importante.

9. Portugal forma parte de la _____ Europea.

APUNTES DE CLASE

333. Ponga los verbos entre paréntesis en el tiempo adecuado de las formas simple o continua, según convenga a cada caso (acción habitual futura ≠ acción actual).

MODELO: *Yo trabajo todos los días.* ➔ *Yo estoy trabajando ahora.*

1. Yo (desayunar) _____ después de lavarme.
2. Mañana (él-ir) _____ a París.
3. ¿Qué te parece el libro que (tú-leer) _____ ?
4. Cuando tú me telefoneaste (yo-dormir) _____
5. Después de cenar, siempre (ella-ver) _____ la televisión.
6. Antes de dormirme (leer) _____ un poco.
7. Todos los años (nosotros-veranear) _____ en la Costa Brava.
8. La semana que viene (llegar) _____ mi novio de Alemania.
9. Siempre que venimos a este bar (nosotros-pedir) _____ lo mismo.
10. ¡Espera un momento!, me (poner) _____ la chaqueta.

334. Ponga los verbos entre paréntesis en el tiempo adecuado de las formas simple o continua, según los casos.

1. Cuando me llamaste (yo–dormir) _____
2. Me (acostar) _____ todos los días a las doce.
3. Después de comer, me (echar) _____ la siesta.
4. Dice que vendrá dentro de un rato; ahora (él-estudiar) _____
5. Estas últimas semanas, la prensa (criticar) _____ duramente al gobierno.
6. Tuve que echarle del examen porque (copiar) _____
7. Dicen que (él-escribir) _____ sus memorias.
8. Cuando estuve en Francia, hace diez años, me (divertir) _____ mucho.

335. Dé el tiempo correcto del verbo *haber* (*hay, había, hubo,* etc.) en las siguientes frases.

1. En este momento _____ mucha gente aquí.
2. La semana que viene _____ un concierto muy bueno.

3. El fin de semana pasado _____ muchos accidentes de carretera.

4. Cuando salí de casa para el teatro, _____ mucha circulación.

5. En aquella esquina, antes _____ un puesto de periódicos, pero ahora lo han quitado.

6. ¿No _____ aquí antes una tasca?

7. En la próxima conferencia _____ unas cincuenta personas.

8. Me dijo que mañana _____ un partido de fútbol.

9. Comentó que al día siguiente _____ una huelga.

10. Abajo _____ un señor que pregunta por usted.

336. Sustituya la palabra en cursiva por una estructura sinónima con el artículo determinado, masculino o femenino, y la partícula *que*.

MODELO: ¡Hay que ver *cuánto* dinero tiene! ➤ ¡Hay que ver *el* dinero *que* tiene!

1. ¡A ver *qué* regalo me traéis! ➤

2. No te imaginas *qué* ganas tiene de verte. ➤

3. No sabes *cuántas* veces me he acordado de ti. ➤

4. No puede usted sospechar *qué* sorpresa recibí. ➤

5. ¡Hay que ver *cuántos* premios ganó! ➤

6. ¡Cualquiera sabe *qué* color prefiere! ➤

7. No sabes *cuánta* hambre tengo. ➤

8. ¡Hay que ver *qué* sueño tengo! ➤

337. Coloque el pronombre personal redundante apropiado en las siguientes frases.

1. A _____ no le habíamos dicho nada.

2. _____ dices a mamá que no me espere a comer hoy.

3. Es un muchacho muy listo; _____ sabe todo.

4. A _____ no nos gustan los líos.

5. Antonio _____ vio todo y no comentó nada.

6. A _____ estas cosas no me parecen bien.

7. ¿_____ regalaste algo a tus padres?

8. A _____ les encantan las fresas.

9. _____ presté unos discos a mi sobrino.

10. _____ lo ha contado a ti.

338. Ponga el infinitivo entre paréntesis en la forma del indicativo o subjuntivo que convenga [fórmulas comparativas: *cuanto más (menos) ... más (menos)/mejor (peor)*].

1. Cuanto menos dinero (yo-tener) _____ más quiero gastar.
2. Cuanto más (nosotros-escribir) _____ menos ganas tenemos de escribir.
3. Cuanto más (tú-trabajar) _____ más ganarás.
4. Cuanto menos (nosotros-conducir) _____ , mejor.
5. Cuantas más oportunidades (usted-tener) _____ mejor para usted.
6. Cuanto más (ella-esforzarse) _____ más conseguirá.
7. Cuanto más pobre (tú-ser) _____ más complicaciones tendrás.
8. Cuanto menos (yo-hablar) _____ mejor para mí.
9. Cuantos más coches (usted-vender) _____ más ganará.
10. Cuanto menos importantes (nosotros-ser) _____ mejor viviremos.
11. Cuanto menos (él-hablar) _____ menos mete la pata.
12. Cuanto mejor (yo-tratarte) _____ peor me tratas tú a mí.
13. Cuanto más bombones (ella-comer) _____ más engordará.
14. Cuanto en menos líos (tú-meterte) _____ más feliz serás.
15. Cuanto más (tú-quererme) _____ más te querré yo a ti.

339. Conteste a las siguientes preguntas.

1. ¿Cuál es la misión de un/una guardia civil?
2. ¿Cuál es la misión de un/una policía nacional?
3. ¿Cuál es la misión de un/una guardia de tráfico?
4. ¿Cuál es la misión de un/una conductor/a de autobús?
5. ¿Cuál es la misión de un/una enfermero/a?
6. ¿Cuál es la misión de un/una portero/a?
7. ¿Cuál es la misión de un/una secretario/a?

— **APUNTES DE CLASE** —

Unidad cincuenta y dos

340. Transforme las siguientes frases, utilizando *llevar*, *hacer* o *desde hace*, según los modelos.

MODELOS:
{
Llevo tres años estudiando inglés.
Hace tres años que estudio inglés.
Estudio inglés desde hace tres años.
}

1. Trabaja aquí desde hace dos meses.

   lleva dos meses trabajando aquí
   hace dos meses que trabaja aquí

2. Llevaba dos meses hablando con ella.

   Hablaba con ella desde hacía dos meses
   Hacía tres años que hablaba con ella

3. Llevan tres horas operando al enfermo.

4. Hace una hora que está en el baño.

5. Bebe sólo leche desde hace tres días.

6. Escribía poesía desde hacía cinco años.   *llevaba 5 años escribiendo poesía*

341. Complete las siguientes frases usando el verbo entre paréntesis.

1. Ella tenía que (darme) _darme_
2. Sigo (vivir) _viviendo_
3. Acabábamos de (ver) _ver(le)_
4. Usted se puso a (decir) _decir_
5. Volvió a (criticar) _____
6. Ha dejado de (tomar) _____
7. Llevaba (estudiar) _estudiando_
8. Vamos a (beber) _____
9. Echaron a (correr) _____
10. Vayan (abrir) _abriendo_
11. Poco a poco van (aprender) _aprendiendo_

342. Ponga los verbos en cursiva en gerundio, o déjelos en infinitivo según convenga al sentido de la frase.

1. Llevo *vivir* _viviendo_ en España dos semanas.
2. Seguimos *pensar* _____ que está usted equivocado.

3. Acaban de *dar* _____ las doce.

[handwritten: Just] *[handwritten: las campanas]* *[handwritten: Putin dijo la cera]*
[handwritten: Acaban de ser la doce]

4. Al principio no quería, pero acabó *ir* _____ *yendo* _____ al cine.

5. Dejaré de *trabajar* _____ cuando sea rico.

6. Esa máquina fotográfica viene a *costar* _____ , con impuestos incluidos, unas 3.000 pesetas.

[handwritten: hand-in/consegnare/dar]

7. ¡Vayan ustedes *entregar* _____ los ejercicios!

8. No vuelvas a *llamarme* _____ cobarde nunca más.

9. Andan *decir* _____ por ahí que vas a *casarte* _____

10. Ya te iré *pagar* _____ poco a poco.

11. Nunca llegué a *decirle* _____ la verdad.

343. Use la partícula necesaria para completar el sentido de estas frases.

1. Tienes _____ que _____ ir al colegio.

2. Se puso _____ a _____ estudiar a las siete de la tarde.

3. Acabamos _____ de _____ recibir noticias suyas.

4. Volveremos _____ a _____ vernos el mes que viene.

5. Me gustaría dejar _____ de _____ fumar.

6. No llegaré jamás _____ a _____ comprenderle.

7. ¡Por qué te pones _____ a _____ cantar ahora?

8. Tiene usted _____ que _____ hacerlo sin falta.

9. Hay que volver _____ a _____ empezar.

10. Acababa _____ de _____ telefonearme cuando tú llegaste.

11. ¡Deje usted _____ de _____ decir tonterías!

12. Siempre le digo que nunca llegará _____ a _____ ser nada.

13. Vamos _____ a _____ pasarlo muy bien esta tarde.

14. Al oír el chiste, Luisa se echó _____ a _____ reír.

15. A Carmen le ha dado _____ a _____ comer bombones.

16. Esos chicos deben _____ de _____ ser alemanes.

344. Use una persona y tiempo adecuados de las perífrasis verbales *haber que* o *tener que,* según los casos.

1. Ayer (yo) _____ tuve que _____ quedarme en la oficina hasta muy tarde.

2. _____ Hay que _____ tratar de solucionar este asunto. *[handwritten: task]*

3. Esta mañana (nosotros) _____ tenemos que _____ ir al banco.

4. En los años de la posguerra _____ había que _____ trabajar mucho para poder vivir.

5. ¿Qué (nosotros) _____ tenemos que _____ hacer?

6. En un futuro próximo, _____ habrá que _____ dejar el coche en casa.

7. En aquel momento, (ellos) no _____ tuvieron que _____ hacer nada.

8. Entonces, (ellos) _____ tuvieron que _____ salir a toda prisa.

345. Ponga *un, -a, -os, -as* en los casos en que sea posible o necesario.

1. Sois _____ tontos por hacerle caso.
2. ¡No seáis _____ locos!
3. Tendrá _____ cuarenta años.
4. Me iré dentro de _____ media hora, más o menos.
5. Santander está a _____ 400 kilómetros de Madrid.
6. Era toda _____ mujer.
7. Ese obrero es _____ vago.
8. Estos señores son _____ católicos.
9. No salgo con Juanita porque es _____ cursi.
10. Tengo exactamente _____ 2.000 pesetas para terminar el mes.

346. Escriba el acento sobre las palabras en cursiva que lo necesiten.

1. Tengo *que* estudiar.
2. ¿*Cual* de los dos prefiere usted?
3. Siempre iban *donde* les decían.
4. Venga usted *cuando* quiera.
5. No sé *como* ha sucedido esto.
6. La chica de la *cual* te he hablado es muy bonita.
7. ¿*Que* le parece?
8. ¿Por *donde* se va a la Plaza Mayor?
9. Me preguntó *cuando* terminaba.
10. *Como* llegó tarde, no pudo cenar.
11. ¡*Que* venga!

347. Haga frases con las siguientes palabras, dejando claro su significado.

jardín - huerta

fresa - cereza

tomate - pepino

coliflor - lechuga

judías - judías verdes

maíz - trigo

garbanzos - lentejas

cebada - avena - centeno

348. Ponga una forma apropiada del artículo determinado en las siguientes frases.

1. _____ que me dices no me gusta nada.
2. Las películas del oeste son _____ que más me gustan.
3. Cuéntame _____ que ocurrió.
4. El vestido que se compró Juanita no me gusta, pero _____ que te compraste tú, me encanta.
5. _____ que han hecho esto deben de ser ladrones profesionales.
6. La compañera con _____ que vivo tiene un novio español.
7. _____ que nada bien es Pablo Kevin.
8. Tus amigos son _____ que lo saben.
9. _____ que pasaron las vacaciones en la playa están morenas.
10. Aquel alumno es uno de _____ que más sabe.

349. Use los relativos *que; quien(es); cuyo, -a, -os, -as* en las siguientes frases, según convenga.

1. La montaña _____ se ve desde aquí es muy alta.
2. La chica con _____ salgo es morena.
3. El guardia _____ está en la esquina nos puso una multa.
4. La firma Renault, _____ coches se venden mucho en España, es francesa.
5. _____ estuvo aquí fue Margarita.
6. Las cosas _____ dice no me interesan.
7. El hombre _____ esposa ha muerto y no se ha vuelto a casar se llama viudo.
8. _____ estudia, aprueba.
9. Las películas _____ ponen esta semana no me gustan.
10. He visto al muchacho de _____ me hablaste.

350. Sustituya los relativos *el cual, la cual, los cuales, las cuales* por otros de igual significado.

1. La compañía para *la cual* trabajo es americana.
2. El libro de ejercicios que usé el año pasado, con *el cual* aprendí mucho, no me sirve ya.

3. Mis primos de Soria, *los cuales* no habían estado nunca en Madrid, llegaron ayer.

4. Las obras del teatro de vanguardia, *las cuales* suelen ser muy complicadas, me aburren.

5. Los libros de ese autor, *del cual* se oye hablar tanto, son muy caros.

6. La discoteca a *la cual* suelo ir está en las afueras de la ciudad.

7. Éste es el café en *el cual* nos conocimos.

8. Las costumbres de mi familia, *las cuales* han sido siempre bastante provincianas, están cambiando rápidamente en estos últimos años.

351. Coloque el artículo determinado, indeterminado o neutro, donde sea necesario.

1. En _____ fondo del mar hay plantas muy curiosas.

2. Tengo _____ amigo que es _____ dentista.

3. Hoy han elegido a _____ guapa de _____ año.

4. Ese tipo es _____ rico del barrio.

5. Les han dado _____ paliza tremenda.

6. Me pagó _____ mil duros que me debía.

7. ¡Hablad en _____ voz baja, porque hay un enfermo!

8. A casi todos _____ niños les gusta _____ dulce.

9. ¡Qué _____ camisa más sucia llevas!

10. ¡Hay que ver _____ bien que te sienta ese peinado!

352. Conteste a estas preguntas en forma negativa utilizando las formas *nadie, nada, nunca, ninguno*, según convenga.

1. ¿Hay alguien aquí?

2. ¿Tienes algo que hacer?

3. ¿Habéis ido alguna vez al Polo Norte?

4. ¿Tienen ustedes alguna habitación libre en el hotel?

5. ¿Quiere usted algo más?

6. ¿Vive usted siempre en el campo?

7. ¿Se ducha usted alguna vez después de comer?

8. ¿Ha venido alguien esta mañana?

9. ¿Tenéis algunas revistas extranjeras?

10. ¿Te contó algo interesante?

353. Explique el significado de los siguientes modismos y expresiones con los verbos *sacar* y *pegar*.

1. Te voy a sacar una foto.

2. Me pegó un susto de muerte.

3. Sacó el número uno en la oposición.

4. Se pegó un golpe contra la puerta de cristal.

5. A esta falda hay que sacarle un poco.

6. Esa música se pega mucho al oído.

7. Pedrito le saca ya cuatro centímetros a su padre.

8. Se pegó un tiro.

9. ¡No te acerques! Me vas a pegar la gripe.

APUNTES DE CLASE

354. Ponga en estas frases uno de los siguientes relativos: *el, la, lo, los que; quien; donde; como; cuando*, según convenga.

1. Eres tú _____ debe hacerlo; no yo.
2. Son estos libros _____ elijo, no aquéllos.
3. Es él a _____ deseo ver; no a ella.
4. Es con usted con _____ iré al notario.
5. Es de este libro de _____ saqué la cita.
6. Fue en Benidorm _____ pasé mis vacaciones.
7. Era por eso por _____ no quería volver a verle.
8. De este agujero es de _____ salió el ratón.
9. Por esa carretera es por _____ se va a Berlín.
10. Así es _____ debes hacerlo.
11. Mañana es _____ llega Mara Belén.

355. Termine las siguientes frases usando una de las formas de relativo que aparecen en el ejercicio anterior.

1. Fuisteis vosotros _____
2. Es aquí _____
3. Fue ayer _____
4. Es contigo con _____
5. Era de Jaime de _____
6. Es por esto por _____
7. Fue así _____
8. Es ella _____
9. Estos bombones son _____

356. Observe el modelo y haga lo mismo en las oraciones siguientes.

MODELO: *El hombre vino; el hombre era mi amigo.* → *El hombre que vino era mi amigo.*
Esa peluquería está de moda; mi mujer va a esa peluquería. → *Mi mujer va a esa peluquería que está de moda.*

1. El guardia dirige la circulación; el guardia me puso una multa. →
2. La chica es rubia; yo salgo con ella. →
3. La calle es muy céntrica; yo vivo en esa calle. →
4. Estos cigarrillos son baratos; yo fumo estos cigarrillos. →
5. El programa de televisión era aburrido; ellos vieron ese programa. →
6. El señor era maleducado; nosotros discutimos con él. →
7. El locutor no es español; vosotros estáis escuchando su voz. →
8. La mujer es francesa; yo estoy enamorado de ella. →
9. El reloj era japonés; tú lo compraste. →
10. La pensión era muy barata; nosotros vivíamos en ella. →

357. Lea las siguientes frases.

1. Menos de la 1/4 parte de la población española vive en el campo.
2. Estamos en la 2.ª mitad del siglo XX.
3. El abuelo del rey Juan Carlos fue Alfonso XIII.
4. No tengo que utilizar el ascensor porque vivo en el 2.º piso.
5. A las nueve de la mañana estábamos a 0º.
6. La máxima de hoy ha sido de 16º.
7. Hoy es 15 de agosto.
8. Hace una semana celebraron el 5.º aniversario de su boda.
9. El boxeador calvo cayó en el 10.º asalto.

358. Cambios de posición con inclusión de un pronombre personal. Repita las siguientes frases empezando por la parte en cursiva.

MODELO: El niño rompió *el vaso*. → El vaso *lo* rompió el niño.

1. Este dependiente vendió *algunas corbatas*.

2. Ya hemos hecho *los ejercicios*.

3. Yo compro *el pan*.

4. La muchacha planchó *la falda*.

5. Ella barre *los suelos*.

6. Cervantes escribió *La Galatea*.

7. Juan dijo *esto*.

8. Tú echaste *las cartas* al correo.

9. Ellos terminaron *el trabajo*.

10. Ya he leído *esos periódicos*.

359. Ponga una forma adecuada del verbo específico que necesite cada frase.

1. Cuando truena, (ellos) _____ mucho miedo.
2. Juan debe de _____ de vacaciones.
3. Voy a _____ mi dimisión ahora mismo.
4. Hay que _____ una decisión.
5. ¿Has observado que Leopoldo _____ mucho cuento?
6. Tiene cincuenta años, pero _____ muchos menos.
7. Me _____ hasta los huesos con la lluvia que cayó.
8. ¿Qué _____ en el cine Princesa esta semana?

360. Explique el significado de los siguientes modismos y expresiones.

1. Se quedó con la boca abierta.
2. ¡No pierda los estribos!
3. Hay que jugarse el todo por el todo.
4. Me las arreglaré como pueda.
5. Se las da de listo.
6. Es mejor hacer la vista gorda.
7. No me gusta hacer el primo.
8. Me lo contó todo con pelos y señales.

Unidad cincuenta y cinco

361. Ponga los verbos entre paréntesis en un tiempo y persona adecuados del indicativo.

1. El año que viene se (vender) _____ muchos coches.
2. Hace diez años se (comer) _____ más pan que ahora.
3. Se (alquilar) _____ pisos.
4. En un futuro muy próximo se (establecer) _____ bases en la Luna.
5. En el año 1940 se (inaugurar) _____ este monumento.
6. Se (hablar) _____ inglés y francés.
7. Se (decir) _____ que está separada de su marido.
8. Se (prohibir) _____ pisar el césped.
9. Allí (planchar) _____ (coser) _____ y (hacer) _____ de todo.

362. Use una de las formas en cursiva que considere correcta. Algunas oraciones admiten las dos posibilidades.

1. Esta carta *(fue escrita - se escribió)* por mi secretaria.
2. En mi casa *(es servida - se sirve)* la comida a las dos.
3. En la oficina *(eran recibidos - se recibían)* periódicos todos los días.
4. La Universidad *(fue cerrada - se cerró)* en enero.
5. El paquete *(ha sido enviado - se ha enviado)* por correo aéreo.
6. Esa canción *(ha sido premiada - se ha premiado)* en el último festival europeo.
7. El cuadro *(fue adquirido - se adquirió)* por un millonario.
8. En España *(son leídos - se leen)* muchos libros extranjeros.
9. El ladrón *(fue detenido - se detuvo)* el martes pasado.

363. Transforme las siguientes frases activas en pasivas utilizando la pasiva tradicional o la forma con *se*, según convenga.

1. El capitán anuló la orden del sargento.
2. Comentaron mucho el incidente.
3. Han arreglado la calefacción la semana pasada.
4. El pueblo entero costeó el monumento.

5. En el norte de España la gente come más que en el sur.

6. Entregaron las armas sin resistencia.

7. En los Estados Unidos la gente cambia de lugar muy a menudo.

8. Derribaron el muro de Berlín.

364 Ponga las siguientes frases en la voz activa.

1. La carta no fue recibida por el interesado.

2. Se construyó un nuevo puente sobre la autopista.

3. El informe fue enviado por el director general.

4. Se plantaron rosales en el parque.

5. Se le puso una multa por aparcar mal.

6. El proyecto fue presentado por el ingeniero.

7. Se las recuerda con cariño.

8. Se te vio en Berlín hace un par de días.

365 Coloque el artículo determinado, indeterminado o neutro en las siguientes oraciones, según convenga.

1. Dijo que llegaría _____ viernes.

2. Siempre está haciendo _____ ridículo.

3. _____ más sensato es no decir nada.

4. Tiene _____ hermano cura.

5. Se casó con _____ hombre muy trabajador.

6. Prefiere _____ arte a _____ literatura.

7. Esto es _____ grave del asunto.

8. _____ malo de la película muere al final.

9. La casa estaba en _____ alto de una colina.

366 Explique el significado de los siguientes modismos y expresiones.

1. Al final siempre se sale con la suya.

2. Lo pagamos a medias.

3. Tener resaca.

4. Poner los puntos sobre las íes.

5. Dar en el clavo.

6. Ir al grano.

7. No tener pelos en la lengua.

8. Meterse con alguien.

367. Ponga la preposición *por* o *para* en las siguientes frases, según los casos.

1. Ese libro del que tú hablas está _____ escribir.
2. ¿Está usted listo _____ contestar a mis preguntas?
3. Luchó toda su vida _____ sus ideales.
4. ¡_____ cierto!, ¿cuál es tu número de teléfono?
5. Le di las gracias _____ el favor que me hizo.
6. Voy a la tienda _____ cambiar este jersey.
7. _____ hacerse socio de ese club hay que ser presentado _____ otros dos socios.
8. Se enfadaron _____ algo que comentaste.
9. Nadamos _____ debajo del barco.
10. Creo que Ramón vive _____ aquí.
11. Lo vendimos _____ poco dinero.
12. _____ Navidades estaré en casa.

368. Ponga la preposición *por* o *para* en las siguientes frases, según los casos.

1. _____ mí, Grecia es un país muy atractivo.
2. Vendré _____ tu boda.
3. _____ ahora no hay nada que hacer.
4. ¡Hombre, no es _____ tanto!
5. Había colillas _____ el suelo.
6. Paco dio la clase _____ mí porque yo estaba enfermo.
7. No estoy _____ bromas.
8. _____ ser andaluza no es muy morena.
9. Luis no sirve _____ casado, ¿verdad?
10. _____ tener sesenta años, se conserva muy bien.
11. Haz este trabajo _____ el martes o me enfado contigo.
12. Me ha dicho que trabaja _____ una multinacional muy conocida.
13. Yo lo haré _____ ti. No te preocupes.
14. No sé si iré todavía, pero _____ si acaso, voy a reservar ya una habitación.

369. Forme frases que tengan sentido con las siguientes expresiones.

en vez de   alrededor de
por cierto   a lo mejor
por lo menos   a la derecha
de pronto   a propósito
a fines de   a principios de
por lo visto   a lo lejos
por culpa de   por medio de
por cierto   dentro de

370. Ponga el infinitivo entre paréntesis en presente de indicativo, añadiendo el pronombre átono que corresponda.

1. (A mí) _____ (encantar) _____ la mermelada de moras.
2. Sospecho que (nosotros) no _____ (caer) _____ bien (a ellos).
3. ¿(A vosotros) _____ (apetecer) _____ unas gambas?
4. (A usted) _____ (quedar) _____ dos semanas para el examen de conducir.
5. ¡(A mí) _____ (faltar) _____ el bolso! ¿Dónde lo habré dejado?
6. ¡Paga tú la comida! ¡(A ti) _____ (sobrar) _____ el dinero!
7. Sé que tú _____ (gustar) _____ a Merche.
8. Esa falda (a ti) _____ (estar) _____ muy bien.
9. Lo siento, pero (tú) no (a mí) _____ (gustar) _____.

371. Transforme las siguientes oraciones según el modelo.

MODELO: (Le) entregué *los zapatos al zapatero.* → Los zapatos *se los* entregué al zapatero. → Al zapatero *le* entregué los zapatos.

1. (Le) he alquilado *esta casa a un amigo mío.* →
2. (Les) había dado *el dinero a sus hijos.* →
3. (Le) ha comprado *el coche a ese mecánico.* →
4. Ya (les) han anunciado *la ceremonia a sus invitados.* →
5. (Les) hemos explicado *la teoría a los alumnos.* →

372 **Haga frases con las siguientes palabras, mostrando claramente la diferencia de significado.**

gabardina – abrigo
chaqueta – jersey
pijama – camisón
pez – pescado
esquina – rincón
boca – pico
pata – pierna
chubasquero – chaquetón

APUNTES DE CLASE

Índice alfabético de conceptos

A, 17, 110, 159, 185.
Acentuación, 11, 104, 178, 218, 286, 346.
Adjetivo (V. *calificativo*).
Agregación atributiva, 229.
Algo ≠ **nada**, 172.
Alguien ≠ **nadie**, 151.
Algún ≠ **ningún**, 295.
Apócope, 116, 204.
Antónimos, 44, 171, 225, 250.
Artículo:
    — *Contracto*, 10.
    — *Determinado*, 4, 22, 42, 130, 144, 216, 223, 228, 249, 271, 278, 288, 324, 336, 348, 351, 365.
    — *Enfático* (sintaxis), 336.
    — *Indeterminado*, 288, 324, 330, 345, 351.
    — *Contraste entre artículos*, 288, 324, 351, 365.
Ayer, 83.

Bien ≠ **bueno**, 191.

Cada ≠ **todo**, 230.
Caer, 77, 370.
Calificativo (adjetivo), 85, 90, 102, 109, 115, 116, 137, 150, 216, 262, 279.
Como (valor condicional), 308.
Comparación, 79, 85, 302, 303, 318, 338.
Con, 73, 110.
Concordancia, 53, 54, 65, 90, 102, 109, 137, 150.
Condicional imperfecto:
    — *morfología*
        (verbos regulares), 99.
        (verbos irregulares), 99.
    — *sintaxis*, 100, 101, 266, 268, 270.
Condicional perfecto:
    — *morfología*
        (verbos regulares), 114.
        (verbos irregulares), 114.
    — *sintaxis*, 267, 268.
Conocer, 254.
Correlación de tiempos, 308, 309, 310.

De, 17, 30, 131.
Deletreo, 5, 145.
Demostrativos (adjetivos y pronombres), 60, 71, 243, 294.
Des- (prefijo), 312.

NOTA: Los números corresponden a los ejercicios, no a las páginas.

Desde hace ≠ **hacer** ≠ **llevar,** 340.
Durante, 83.

En, 30, 73, 131.
Encantar, 77, 370.
Estar:
    — *morfosintaxis,* 3.
    — *sintaxis,* 236.
    — (V. también *ser* y *estar*).
Estar ≠ **haber,** 21.
Estilo indirecto, 301.
Ex- (prefijo), 319.
Exclamaciones (interjecciones), véase *léxico.*
Expresión de la hora, 48, 164.
Expresión de la probabilidad, 95, 100, 266, 267, 268.
Expresiones preposicionales, 369.

Faltar, 77, 370.
Forma continua o progresiva, 177, 260, 333.
Formas verbales simples ≠ continuas, 333, 334.
Fórmulas comparativas *cuánto más... más...,* 302, 303, 318, 338.
Futuro imperfecto:
    — *morfología* (verbos regulares), 93.
      (verbos irregulares), 94
    — *sintaxis,* 95, 266, 268.
Futuro perfecto:
    — *morfología* (verbos regulares), 113.
      (verbos irregulares), 113.
    — *morfosintaxis,* 269.
    — *sintaxis,* 267, 268, 269, 270.

Género, 18, 42, 53, 54, 65, 90, 102, 109, 235, 288.
Gerundio:
    — *morfología* (verbos regulares), 174.
      (verbos de debilitación vocálica), 175.
      (verbos de cambio ortográfico y casos especiales), 176.
    — *morfosintaxis,* 177.
    — *sintaxis,* 333, 334, 341, 342.
Gustar, 43, 77, 370.

Haber:
    — *morfología,* 51.
    — *haber* y *estar contrastados,* 21.
    — *uso impersonal,* 335.
Haber ≠ **estar** (sintaxis), 21.
Haber que + infinitivo, 182, 183.
Haber que ≠ **tener que,** 344.
Hacer (modismos), 152.
Hacer + expresión de tiempo, 187, 188.
Hace/hacía ≠ **desde hace/hacía,** 189.
Hacer ≠ **desde hace** ≠ **llevar,** 340.
Homonimia, 166.

Imperativo:
    a) *Imperativo afirmativo (morfología):*
        — con pronombres reflexivos, 63, 64.

— (verbos regulares), 57.
— (verbos de irregularidad común), 58.
— (verbos de debilitación vocálica), 58.
— (verbos de cambio ortográfico), 58.
— (verbos de irregularidad propia), 59, 70.
b) *Imperativo afirmativo (sintaxis)*, 69, 233.
c) *Imperativo negativo (morfología)*, 64, 70.
d) *Imperativo negativo (sintaxis)*, 232, 234.
Imperfecto ≠ **indefinido**, 239, 245, 246, 247, 248, 253, 254, 255, 256.
In- (prefijo), 312.
Indefinidos (adjetivos y pronombres), 151, 230, 295, 352.
Indefinido ≠ **imperfecto**, 240, 251.
Infinitivo (perífrasis), 341, 342, 343.
Integración atributiva, 229.
Interrogativos (pronombres y adverbios), 35, 61, 71, 97, 339.
Ir a + infinitivo, 181, 183.

Léxico:
— *Accidentes naturales*, 12.
— *Adjetivos calificativos*, 90, 109, 257.
— *Adjetivos de colores*, 6.
— *Alimentos*, 192.
— *Animales*, 153, 180.
— *Antónimos de adjetivos*, 44.
— *Antónimos de verbos*, 225, 250.
— *Árboles frutales y frutas*, 38.
— *Conjuntos o unidades*, 186, 198.
— *Defectos físicos*, 132.
— *Días, meses y estaciones del año*, 19, 31.
— *Documentos e instituciones públicas de interés*, 111.
— *Empleados de tiendas y establecimientos públicos*, 98.
— *Enseres domésticos*, 305.
— *Establecimientos públicos de interés*, 139.
— *Formación de adverbios en **-mente***, 242, 289.
— *Funcionarios y actividades diversas*, 339.
— *Gentilicios ≠ nombres de países*, 68, 92, 237.
— *Interjecciones y exclamaciones de uso corriente*, 244.
— *Modismos y expresiones con los verbos **poner, sacar** y **pegar***, 212, 353.
— *Modismos y expresiones varias*, 173, 313, 320, 360, 366, 372.
— *Nombres colectivos*, 265.
— *Nombres de campo semántico cercano (prendas de vestir, partes del cuerpo, etc.)*, 373.
— *Nombres de especial complejidad*, 326.
— *Nombres de parentesco*, 56, 74.
— *Nombres geográficos*, 332.
— *Objetos, herramientas y utensilios de uso corriente*, 125.
— *Objetos y prendas de vestir de uso corriente*, 146.
— *Objetos y utensilios de uso personal*, 118.
— *Oficios, profesiones y artes*, 160, 219, 231.
— *Palabras de campo semántico cercano*, 273.
— *Partes del cuerpo*, 25, 62, 80, 297.
— *Pesos y medidas*, 50.
— *Productos del campo (frutas, cereales y verduras)*, 347.
— *Sufijos y prefijos en **-azo** y **-on** y en **in-** y **des-***, 205, 312, 319.
— *Sustantivos correspondientes a adjetivos*, 166.
— *Términos de interés sobre alimentos*, 192.
— *Tiendas y establecimientos públicos*, 86, 105.
— *Verbos de fácil confusión: **salir, ir(se), marchar(se), doler, lastimar(se), hacer(se) daño***, 280.
Le = lo, 287.
Lo con *ser* y *estar*, 229.

Lo (miscelánea), 236.
Locuciones preposicionales y adverbiales, 369.

Llevar + gerundio, 187.
Llevar ≠ **hacer** ≠ **desde hace**, 340.

Mal ≠ **malo, -a, -os, -as**, 279.
-mente (sufijo), 242.
Mientras, 328.
Modismos y expresiones varias, 37, 67, 117.
Modismos verbales:
    — *con el verbo **hacer***, 152.
    — *con el verbo **tener***, 23.
Muy ≠ **mucho**, 138.

Nada, nadie, ninguno, nunca contrastados, 352.
Ningún ≠ **algún**, 295.
Numerales (cardinales, ordinales y partitivos), 36, 48, 78, 157, 164, 170, 184, 190, 241, 357.
Número gramatical, 29, 102, 109.

Oración compuesta:
    a) *Los modos verbales en la oración*:
    — *Uso del indicativo en la oración de relativo*, 167, 356.
    — *Uso del indicativo en la oración dependiente (miscelánea)*, 169.
    — *Uso del indicativo en las oraciones adverbiales*, 161, 162, 163.
    — *Uso del indicativo en la oración sustantiva*, 283, 284, 285.
    — *Uso del indicativo en la oración sustantiva impersonal*, 141, 156, 290, 291.
    — *Uso del subjuntivo en la oración dependiente*, 136:
        — *Oración de relativo con subjuntivo*, 127, 149, 315.
        — *Adverbial con subjuntivo*, 127, 142, 143, 147, 148, 306, 307.
        — *Sustantiva con subjuntivo*, 127, 140, 285, 292, 293.
        — *Sustantiva con presente de subjuntivo*, 281, 282, 283.
        — *Sustantiva impersonal con subjuntivo*, 127, 141, 290, 291.
    — *Uso del subjuntivo en la oración independiente*, 154.
    — *Subjuntivo precedido de la partícula **sin que***, 306.
    — **Indicativo** ≠ **subjuntivo:**
        — *en oración sustantiva impersonal*, 290, 291.
        — *en oración de relativo*, 314, 355.
    — **Subjuntivo** ≠ **indicativo:**
        — *en oraciones adverbiales (temporales, concesivas, condicionales y consecutivas)*, 251, 252, 253, 298, 299, 300, 301, 306, 307, 308, 309, 310, 328.
        — *en oraciones independientes (dubitativas y desiderativas)*, 154, 316.
        — *en fórmulas comparativas (cuanto más ... más)*, 303, 338.
    — **Subjuntivo** ≠ **indicativo** (miscelánea), 321, 322, 323, 328.
    — **Subjuntivo** = **infinitivo** *en oraciones con distinto sujeto*, 329.
    b) *Algunos tiempos verbales en la oración compuesta*:
    — *Uso del pretérito imperfecto en oraciones temporales*, 252, 253.
    — *Uso del futuro perfecto en oraciones temporales*, 269.
    — *Uso del futuro y condicional perfectos en la oración compuesta*, 270.

Para, 206, 207.
Participio pasado:
    — *morfología* (verbos regulares), 106.
       (verbos irregulares), 106, 107, 112, 113.
    — *miscelánea*, 108.

Partitivos, 170.

Pasiva (V. *voz pasiva*).

Perífrasis verbales, 181, 182, 183, 187, 340, 341, 342, 343, 344.

Por, 208, 209, 210.

Por ≠ para, 367, 368.

Posesivos (adjetivos y pronombres), 24, 66, 84, 158, 263.

Prefijos, 312, 319.

Preposiciones (V. *a, por* y *para*, etc.), 17, 30, 73, 110, 131, 159, 185, 206, 207, 208, 209, 210, 224, 264,
    311, 317, 325, 331, 367, 368.

Presente de indicativo:
    — *morfología* (verbos regulares), 26, 27, 28, 32, 33, 34, 35, 47.
        (verbos de irregularidad común), 39, 40, 41, 45.
        (verbos de cambio ortográfico), 39, 41, 45, 46.
        (verbos de debilitación vocálica), 39, 45, 46.
        (verbos de irregularidad propia), 47, 52.
    — *morfosintaxis*, 168, 258, 259.
    — *sintaxis*, 260, 261.

Presente simple ≠ presente continuo, 260.

Presente ≠ imperfecto, 261.

Presente de subjuntivo:
    — *morfología* (verbos regulares), 119.
        (verbos de irregularidad común), 120, 121.
        (verbos de debilitación vocálica), 121.
        (verbos de cambio ortográfico), 122.
        (verbos de irregularidad propia), 123, 126.
    — *morfosintaxis*, 281, 282, 283.

Pretérito imperfecto:
    — *morfología*, 87.
    — *morfosintaxis*, 239, 240.
    — *sintaxis*, 88, 89, 245, 246, 247, 248, 251, 252, 253, 254, 255, 256, 261.

Pretérito imperfecto de subjuntivo:
    — *morfología* (verbos regulares), 128.
        (verbos de irregularidad propia), 134, 135.
        (verbos de debilitación vocálica), 129.
        (verbos de cambio ortográfico), 133.
    — *morfosintaxis* (verbos irregulares), 327.

Pretérito indefinido:
    — *morfología* (verbos regulares), 75.
        (miscelánea), 81.
        (verbos de irregularidad propia), 75, 76, 82.
        (verbos de irregularidad común), 75.
        (verbos de debilitación vocálica), 75, 76, 82.
        (verbos de cambio ortográfico), 75, 76, 82.
    — *morfosintaxis*, 83, 238, 239, 240.
    — *sintaxis*, 245, 246, 247, 248, 251, 253, 254, 255, 256, 274, 275, 277.

Pretérito perfecto:
    — *morfología* (verbos irregulares), 108.
    — *sintaxis*, 274, 275, 276, 277.

Pretérito perfecto = indefinido, 274.

Pretérito perfecto ≠ indefinido, 275.

Pretérito perfecto ≠ pluscuamperfecto, 276.

Pretérito perfecto ≠ indefinido ≠ pluscuamperfecto, 277.

Pretérito pluscuamperfecto de indicativo:
    — *morfología* (verbos regulares), 112.
        (verbos irregulares), 112.
    — *sintaxis*, 276, 277.

Pronombres personales:
    — *cambio de posición sintáctica*, 371.
    — *objeto*, 54, 77, 96, 124, 217, 229, 236, 272, 287, 358.
    — *objeto directo*, 49, 91.

— *objeto indirecto*, 55, 103.
— *pleonásticos* (redundantes), 43, 77, 370.
— *precedidos de preposición*, 72.
Pronominales (verbos), 77, 370.

Que ≠ cual, 35, 61, 111, 339.
Querer, 254.

Re- (prefijo), 319.
Reflexivos (pronombres), 54, 63, 64.
Relativos, 199, 200, 201, 202, 203, 348, 349, 350, 354, 355, 356.

Saber, 254.
Se (voz impersonal), 361.
Sentar, 77.
Separación silábica, 5.
Ser:
— *morfosintaxis*, 1, 2, 6, 7, 12.
— *sintaxis*, 236.
Ser ≠ estar:
— *en preguntas*, 13, 14.
— *morfosintaxis*, 15, 16.
— *sintaxis*, 8, 9, 14, 20, 213, 214, 215, 220, 221, 222, 226, 227, 229, 236.
Si (condicional), 168, 308, 309, 310.
Siempre que, 328.
Silabeo, 145.
Sin, 159.
Sin que + subjuntivo, 306.
Sinonimia, 242.
Soler + infinitivo, 88, 258.
Subjuntivo (v. *Presente e Imperfecto de subjuntivo* y *Oración compuesta*).
Superlativo, 115, 262.

Tan, 302.
Tener (modismos), 23.
Tener que + infinitivo, 182, 183.
Tocar, 77.
Todo ≠ cada, 230.
Todo ≠ nada, 179.

Verbos con régimen preposicional, 304, 317, 331, 343.
Verbos de cambio ortográfico, 176.
Verbos específicos, 165, 211, 296, 359.
Verbos pronominales (seudoimpersonales), 43, 77, 370.
Verbos reflexivos, 54, 63, 64.
Voz activa, 193, 194, 195, 197, 363.
Voz impersonal, 195, 361, 363, 364.
Voz pasiva, 193, 194, 196, 197, 362, 363, 364.